a convenção do amor

CIP-Brasil. Catalogação na fonte

A convenção do amor / Enoque Fortes de Albuquerque,
1ª edição, Bragança Paulista, SP: Lachâtre, 2015.

176 p.

1.Espiritismo 2.EQM – Experiência de quase-morte 3.Romance Espírita 4.Literatura Brasileira I.Título. II.Prefácio: Schmidt, Oscar.

CDD 133.9   CDU 133.7

ENOQUE FORTES DE ALBUQUERQUE

a convenção do amor

LaChâtre

© 2015 by Enoque Fortes de Albuquerque

Instituto Lachâtre
Caixa Postal 164 – cep 12.914-970 – Bragança Paulista – SP
Telefone: (11) 4063-5354
Página na internet: www.lachatre.org.br
Email: editora@lachatre.org.br

1ª edição – Março de 2015
3.000 exemplares

Programação Visual de Miolo e Capa
César França de Oliveira

Revisão Textual
Kátia Leiroz

A reprodução parcial ou total desta obra, por qualquer meio, somente será permitida com a autorização por escrito da Editora (Lei no 9.610 de 19.02.1998)

Impresso no Brasil
Presita en Brazilo

sumário

Prefácio, 8

Nota do autor, 11

Introdução, 15
    FVV, 17

1. O reencontro, 23
    Mansa noite, 25

2. A carona, 37
    Vejo, 39

3. A encruzilhada, 45
    Descrença, 47

4. A Cabanha do Amor, 51
    Flor Dourada, 53

5. Repensar é viver, 71
    Sentimento perdido, 73

6. A história, 83

    Sem deslumbro, 85

7. A cirurgia, 95

    No vê-los ao nascer, 97

8. Acordar à vida, 117

    Liberdade, 119

9. A viagem, 125

    Breu, 127

10. O presente, 141

    Ponto na ponte, 143

11. A grande palestra, 149

    Âmago de ser, 151

12. A passagem, 163

    Se alguém perguntar por mim, 165

13. A decisão, 169

    Poema da noite, 171

prefácio

Quando retornei da Europa ao Brasil em 1995, conheci o cirurgião Dr. Enoque como Empresário Diamante e meu patrocinador em *network marketing* no time "Corinthians Amway" em que fomos campeões brasileiros em 1996.

Editamos nesse período a minha biografia com a história do atleta de basquete.

A seu convite, além de atleta do basquete, fiz as minhas primeiras palestras em convenções pelo Brasil, contando minha história de vida de atleta para milhares de pessoas entusiasmadas, em ginásios lotados .

Iniciava aí então, para mim, uma nova carreira: a de palestrante motivacional.

Temos a mesma idade, com trajetórias de vida diferentes, mas ambos comungamos da crença de que podemos superar limites realizando um esforço a mais do que se espera de nós. Ele, como eu, é daqueles que pensam positivo. Onde outros veem problemas vemos uma oportunidade de aprender e evoluir.

Recebi honrado este romance ficcional para prefaciar. Sua leitura nos aguça a uma curiosa viagem ao ambiente do exercício da arte da medicina cirúrgica, além de representar uma mensagem de amor e de esperança.

OSCAR SCHMIDT

nota do autor

nota do autor

Escrever um livro é uma decisão. É, no mínimo, ter-se a crença de que tem alguma mensagem que deve ser deixada para outros. Durante o tempo em que escrevi este livro incomodou-me muito se seria uma fraqueza minha: a vaidade humana. Mas volta e meia eu era visitado por ideias que brotavam do meu eu – às vezes, até em sonhos – e isso me impeliu para a decisão de conclui-lo. Escrever foi sempre um momento de harmonia íntima e de paz. As ideias brotavam do nada ou talvez de alguma lembrança ou *déjà vu* de fatos que realmente ocorreram em minha vida, nesta ou em outra passada. Alguns fatos são autobiográficos, mas a maior parte é fruto de imaginação criativa. Provavelmente também tive alguma inspiração psicográfica. Minhas poesias confirmam isso.

Os personagens receberam nomes de pessoas que fazem ou fizeram parte desta minha passagem pela vida, como forma de tê-las ao meu lado. As personalidades dos personagens não necessariamente se relacionam com as suas, mas em alguns há traços.

Sou grato pela vida e pelas bênçãos recebidas, apesar dos fardos que têm me servido de fonte de crescimento.

Minha especial e eterna gratidão à Divindade por três bênçãos: meus pais, meus filhos e minha esposa.

À minha mãe, Zilda, uma octogenária que com sua sabedoria sempre pela vida me guiou.

À meu desencarnado pai, Antônio, que tanta falta fez pela sua ausência em minha vida.

Aos meus filhos, Felipe, Vinícius e Vítor, que pelas pessoas que são me proporcionam muito amor e orgulho paterno.

À minha mulher, Lucimara, mestra em linguística, a quem, após a conclusão, entreguei o texto para ser a primeira leitora e com sua infinita paciência efetuou as devidas correções e, principalmente, por ter-me dado a oportunidade, nesta vida, de ter encontrado nela o amor maduro, intenso e de paz. Minha companheira desta e outras vidas, minha Flor Dourada.

introdução

introdução

FVV

Fulgura ...Felipe!
Ventura ...Vinícius!
Vitória ...Vítor!

Abram as portas do mundo.
Do breu do espaço infinito
tragam luz do saber mais profundo.
Do contato imediato o mais perito.

Girem as cores do arco-íris.
Do branco mais alvo
retirem aos seus olhos, as íris,
o saber infinito nulo ao ignaro.

Brilhem todas as luzes.
De todas as casas.
De toda parte do mundo.
Ao verem seu saber em asas
esvoaçarem em cores de diferentes matizes.
Sejam como contas de vidro.
Que no transluzir de um raio de sol
esplandeçam cores luzidias
espalhando-os em arrebol.

Eu sou João José, um homem velho, um verdugo. Minhas faces têm vincos profundos dos anos passados. Meu andar é lento e planejado. Apesar de idoso, minha saúde me permite um bem viver. Meus cabelos, compridos por desleixo de quatro meses, e minha barba, de um ano, são grisalhos e bem alvos. Essas rugas de minhas faces foram conquistadas ao longo de anos de evolução espiritual adquirida pela permissão de Deus com o conhecimento dos fatos que ocorreram nesta minha vida atual.

Fiquei velho, mas sábio.

Deitado de barriga para cima, olhando o céu nublado sob o vento do fim de tarde, no gramado à beira de nosso lago, estou repensando, em conflito de ideias, a decisão que tenho a tomar. Levanto minha cabeça e, do outro lado do lago, por entre algumas pedras grandes, visualizo um pequeno cemitério familiar. Ali jazem os avós e os pais de minha mulher, também Luziano e Olímpia, seus pais de adoção, e Ezequias.

Sei que nenhum deles está ali. O corpo astral de Ezequias não está ali, como o de todos os outros que se foram para os ombros da negra noite, mas foi ali que depositamos seu corpo material.

Estendo os braços, olho minhas mãos e as admiro: a pele enrugada revestindo meus metacarpos, os ossos das falanges endurecidos que abro e fecho sobre minhas mãos de forma frágil, em seus movimentos lentos e algo trêmulos. Agradeço o quanto elas foram úteis, um presente de Deus para o ofício e dom que Ele me confiou.

Não gosto de dizer que sou um médico aposentado. Causa-me a impressão de que sou hoje imprestável. Gosto de dizer para os amigos que sou um cirurgião retirado para o merecido descanso para, na próxima vida, retornar ao uso do bisturi para curar e ajudar pessoas. Acredito que o cirurgião que nesta vida fui já o fora noutras e o serei novamente nas próximas, crescendo, aprendendo e evoluindo na arte da medicina.

Ao longe, próximo de nossa casa, contemplo minha mulher escovando seu cavalo, frente às baias. Ainda hoje ela tinge seus alvos cabelos com o mesmo tom de dourado de sua juventude, talvez por vaidade; mas gosto de pensar que é tão somente para me agradar. Como ainda me encanto com sua beleza, apesar dos muitos anos que se passaram!

Hoje pela manhã, neste mesmo lugar, tive um diálogo longo e enriquecedor com meus três guris. Escrevo 'guris', mas, na verdade, eles já são homens maduros, bem-sucedidos e envolvidos em suas profissões, e também são pais.

Felipe é o primogênito e é engenheiro agrônomo. O filho salsicha, o do meio, Vinícius, é advogado. O caçula, Vítor, também é engenheiro, na área de produção.

Sou um pai e avô que me regalo com o convívio deles e de meus netos nos raros fins de semana em que podem presentear-me com sua visita especial.

Este final de semana é uma dessas raras ocasiões em que todos estão ao meu redor. Hoje à noite, quando me torno um octogenário, eles cortarão um confeitado e bonito bolo e cantarão parabéns para mim.

Resolvi reuni-los à beira do nosso lago e contar-lhes uma história de vida que me marca profundamente. Achei que compartilhando com eles os ajudaria em sua evolução espiritual, e que a poderiam transmitir também, um dia, para seus filhos. Talvez, também, por receio de que meu retorno para outro plano espiritual esteja próximo e não tivesse mais tempo de compartilhar com eles a minha última lição de vida de pai para filhos. Vi em seus semblantes, à medida que contei essa história, lágrimas de emoção e descobri o quanto não me conheciam profundamente.

O filho caçula foi incisivo e pragmático, natural de sua personalidade:

— Pai, isso que o senhor contou deve ser escrito e divulgado. O senhor tem o dever de compartilhar não somente conosco, mas com todas as pessoas. E o senhor é capaz de colocar essa história com clareza no papel.

— Eu e meus irmãos faremos o que for possível para divulgá-la – disse o filho do meio.

— Deus lhe deu a oportunidade única de ajudar as pessoas de outra forma que não somente pela cirurgia. Mais uma vez o senhor tem outro tipo de missão, a de curar a alma e trazer esperança de vida para todos nós – arrematou o primogênito.

Frente a estes apelos, estou perdido em meus pensamentos ante a decisão de escrever essa história.

Como ser fiel aos fatos e aos diálogos que aconteceram?

Escrever em primeira pessoa é autobiográfico e isso vai acontecer.

Escrever em terceira pessoa também vai acontecer, porque facilita a observação dos fatos e dos diálogos com o devido distanciamento das ideias.

Escrever os pensamentos de outro personagem em primeira ou terceira pessoa é imaginar o que eu pensei que ele pensou e é compartilhar a minha própria percepção.

Sei que cometerei equívocos de linguagem e narrativa. Sei também que, em algum momento, estarei me referindo a mim como se fosse outra pessoa.

Ora estarei falando de outra pessoa como se fosse eu, porque os pensamentos dessas pessoas me foram confiados e passaram a fazer parte do meu eu.

Cometerei equívocos nas descrições dos locais onde os fatos ocorreram, porque em alguns locais estive presente, mas minha memória se retrai em lembranças afugentadas pelo passar dos anos.

Mas... a descrição de onde e como ocorreu... a Grande Convenção do Amor, um paradoxo e um absurdo da irrealidade ou da Grande Verdade que me foram confiados por Ezequias... Talvez eu não tenha as condições de um grande escritor para ser fiel a tudo o que ele me contou.

Talvez também eu não consiga ser fiel a todos os diálogos e discursos que ocorreram. Mas todas as falas marcaram minha vida e a transformaram numa vida de fé, felicidade, amor e esperança.

O certo é que meus filhos têm razão: está na hora de contar esta história da melhor maneira que me for possível.

JOÃO JOSÉ

1. o reencontro

1.
o reencontro

Mansa Noite

Ando lento ao seu encontro.
Não há pressa em meu caminhar.
Ainda que eu queira, não há recanto
onde possa esconder-me de seu amar.

Sou o começo, és o fim.
Assim como vou para o teu seio,
sei que vens para mim;
e de cada extremo serei seu ao meio.

Não te tenho receio,
bem sei que terás que vir.
Ainda que prenda-me ao meu meio,
no instante em que queira, sei que tenho que ir.

És como turbante de noiva,
acolhe escondido ar angelical,
bailando qual mariposa
ainda espraiará todo seu mal.
Desta ferrenha vida, rápido, inda colho toda semente,
a espalhar por arrulhos de pombal.
Arrefecido pelas gentes, vou crente,
entregando-me pelos dias ao seu já cheio bornal.

Cinco colunas se apoiam por sobre a escadaria, dando uma ostentação imponentemente grega ao centenário prédio da Santa Casa de Misericórdia de cidade média. Uma ampla calçada margeia o prédio, em seus mosaicos portugueses, desenhando ondas no chão, ao lado da larga avenida de ipês floridos em amarelo. Um extenso gramado esmeralda, bem aparado, afasta trinta metros o prédio da calçada dessa avenida. Meia dúzia de degraus da escadaria e sua base avarandada têm como piso um mármore gelo, conferindo um aspecto de higiene e limpeza. As múltiplas janelas são amplas e pintadas em azul-celeste nos quatro andares do edifício branco. Por sobre as colunas do pórtico principal se apoia uma ampla varanda coberta, fechada de vidros transparentes, onde se situa o conforto médico, ao lado da sala da direção clínica. Os transeuntes e os motoristas dos carros que passam lentamente pela avenida podem, algumas vezes, ver médicos em trajes sociais, engravatados e em seus respeitosos e longos jalecos brancos a gesticularem, parecendo ali estarem a discutir seus casos clínicos.

Anexo ao prédio da Santa Casa, em sua extremidade direita, vê-se um luminoso apagado grafado com uma cruz vermelha e as palavras em letras azuis: "Pronto-Socorro". A ampla entrada de ambulâncias é atentamente guardada por homens fortes e grandes, que fazem a segurança, trajados em ternos azuis-marinhos. Neste horário a movimentação é pequena e esses seguranças, bem como os auxiliares de enfermagem, maqueiros de plantão e serventes da limpeza, relaxam conversando amenidades, quase sempre sobre futebol, política, mulher e chistes.

Noutra extremidade, há outro prédio de três andares em edificação moderna de vidros espelhados e escuros. O andar inferior amplo apresenta em seu vitral os dizeres: "Centro de Especialidades".

Ali a movimentação de pessoas é intensa. Múltiplas fileiras de cadeiras em fibra anexadas em forma de bancos ficam em frente a saletas dos consultórios dos médicos. Internamente, diversas plaquetas orientam os pacientes e seus familiares para quais dos balcões devem se dirigir de acordo com a especialidade médica que irão consultar: clínica cirúrgica, ginecologia, pré-natal, urologia, cirurgia vascular, neurologia, neurocirurgia, otorrinolaringologia, pediatria, clínica médica, cardiologia, centro de imagem e laboratório de análises clínicas. As recepcionistas postam-se frente aos computadores, uniformizadas e maquiadas discretamente. Os seguranças dali são treinados para ajudar e orientar as centenas de pessoas. Senhoras voluntárias em aventais rosa também fazem isso, sempre sorridentes.

Numa daquelas saletas está doutor João José, estático e envolto em pensamentos que não o afastam do passado. Tem a sua frente aquele homem que olha fixamente para seus olhos. Um homem pronto. Sabe que ele não tem ideia do que se passa em sua mente. Na verdade, ambos, provavelmente, não sabem o que se passa na mente de um e de outro.

Que fazer para que os pensamentos de João José se desviem para o futuro ou mesmo se concentrem no presente?

Poderá ele entrar novamente no túnel da reencarnação se acabar sua vida terrena por uma decisão daquela alma?

Um retrospecto muito rápido, em múltiplos piscares luminosos, invade sua visão mental e ele contempla toda sua vida como em câmera lenta.

O tempo não tem medida, quando o pensamento é o senhor da mente. O pensamento é o que dá a liberdade ao ser de ser o que ele realmente é.

Tem na sua frente um homem pronto, que invadiu a pequena sala de atendimento sem um mínimo de culpa nos frios e esbugalhados olhos. Está decidido a apertar o gatilho da arma que tem voltada para seu peito.

Como pode o mundo ter chegado a tal banalidade de violência? Única e exclusivamente por um motivo tolo.

Simplesmente porque João José o criticou com o olhar e, com o dedo em riste, citou regras de preceitos sociais, quando sua sala foi invadida: – Calma aí, o senhor terá que esperar a sua vez. O senhor não pode passar na frente dos outros! O senhor não pode invadir a minha sala assim! Há outras pessoas que precisam de mim, antes do senhor. Espere a sua vez!

Há ainda nos bancos à frente de sua sala outras dezenas de pacientes para doutor João José atender. São dez horas da manhã e ele já havia atendido dezenas de pessoas no Centro de Especialidades daquele hospital público. Está fazendo um ambulatório de especialidade fora do seu ramo de atuação. Teve a infeliz ideia de aceitar um pedido de seu colega cirurgião e assistente, doutor Paulo, para substituí-lo naquele período.

Seu mundo é embaixo dos focos luminosos da sala de cirurgia; é o sentir habitual do cheiro dos anestésicos halogenados, do antisséptico clorexedina alcoólica; do bater metódico trinado sonoro do carrinho da anestesia; da circulação e movimentação silenciosa das enfermeiras circulantes de sala ao seu redor, que ele identifica mesmo sem olhar para elas diretamente. Sua atenção está sempre dirigida para o campo operatório.

Sentia-se sempre livre e feliz quando realizava uma cirurgia. Estava em seu domínio. Poderia ser um procedimento simples de apendicectomia, ou uma cirurgia videolaparoscópica de obesidade mórbida, ou uma cirurgia de câncer de cólon. Sempre estava relaxado, por saber ser aquela a área de atuação que tão bem dominava. Sentia sempre que ali estava protegido dos seus problemas.

Anos haviam se passado e seus cabelos começavam a clarear. Dedicou àquela Santa Casa praticamente quase toda sua vida médica, desde sua formação universitária e sua especialização em cirurgia geral. Uma vida de mais de trinta anos dedicada a servir com a arte da medicina cirúrgica. Realizou milhares de procedimentos cirúrgicos e sabia que, nas próximas dezenas de anos, teria outros tantos milhares a realizar.

Uma aposentadoria digna e equivalente ao seu estilo de vida não seria possível.

Estava muito cansado espiritualmente, embora fisicamente tivesse imensa disposição. Será que servir e amar as pessoas como um todo e dedicar o espírito ao ato de envolver os pacientes em atenção, conhecimento e cuidados tinham um tempo de esgotamento?

Talvez a vida ou a Divindade dessem ao ser humano um prazo de validade para todos os sentimentos. Talvez houvesse um tempo em que brincar fosse o mais importante da vida e noutro tempo fosse algo enfadonho.

Quando ele observava pessoas idosas brincando com crianças, parecia que havia uma falsidade no ato, um fingir-se que é bom.

Talvez até o amar, o amor, tivesse também um tempo de validade. Amar intensamente e depois transformar o amor num ato de continuidade, sem intensidade e sem paixão. Felizmente para ele isso não era verdade.

Talvez o ato de estudar e aprender também tivesse um tempo de validade. O aprender com interesse e entusiasmo de conhecer um saber novo, uma lei da física, ou da química, ou da fisiologia humana... o estudo das patologias e seu tratamento, ou até o conhecimento do universo e dos astros. Estudar a vida paralela de outras dimensões, a alma noutra vida passada e a morte terrena, talvez inicialmente despertasse entusiasmo, mas depois talvez se tornasse somente um conhecer só por saber, sem a procura investigativa da curiosidade.

Talvez até o ato de pensar, de refletir, tivesse validade. Depois de anos, talvez pensar fosse somente uma associação da transmissão por neurotransmissores através dos milhões de sinapses do cérebro sem nenhuma voluntariedade da alma humana. Seria a mente humana a própria alma presa ao cérebro? Estaria a alma humana subordinada à ação dos agentes elétricos e bioquímicos dos neurotransmissores?

Na verdade, há anos João José já havia perdido a fé sectária: fé na política, nas pessoas, na vida, nas religiões.

Não deixara de acreditar em Sua existência, a Divina. Mas não se importava mais em observar se Ele estava ou não presente no seu dia a dia e no mundo.

Neste momento, com a arma apontada para o seu peito, chega mesmo a pensar que não faz mais diferença. Não será um suicídio, mas sim um homicídio consentido. Não pensa em esboçar qualquer reação. Sente somente pena ao pensar que aquele homem terá sua vida desgraçada por um ato impensado. Imagina que ele purgará por anos no mundo espiritual devido a um momento de tolice. Tem pena e resolve negociar.

Só então João José consegue vê-lo, realmente. Em sua fisionomia traz alguma coisa, uma lembrança, um *déjà vu*. Parece-lhe alguém familiar. Vê um homem entre sessenta e cinco e setenta anos. Tem a barba grisalha mal aparada há dois meses, numa face dura e sofrida; olhos castanhos, escuros e pequeninos, profundos em órbitas fundas; testa ampla; cabelos desalinhados, mal cortados, compridos, grisalhos e encaracolados. Veste camisa de mangas curtas, mal arregaçadas, branca esmaecida, algo suja de suor, mas que expõe os braços fortes. Não é grande, estatura média, mas é um senhor forte. A mão crispa a arma em veias salientes. Segura a arma como quem segura uma ferramenta pesada de trabalho. É alguém que trabalhou sob o sol e de forma braçal. A camisa está praticamente aberta, como se alguém tivesse arrebentado os botões, expondo o tórax cabeludo, até o umbigo desnudo. Veste calça de brim, azul-clara e também suja, presa por cinto de couro enrugado e ressecado. Calça botinas de couro do tipo lavrador, sujas de graxa e terra.

João José tenta outra forma de abordagem:

– Está bom! Se o senhor baixar sua arma, eu o atendo antes de todas as pessoas. Se o senhor me matar, não será atendido por nenhum médico, porque terá que sair em fuga deste hospital. Afinal, o que o senhor tem?

O rosto do homem desfigura-se frente ao olhar de compaixão e à racionalização do médico. Baixa lentamente a arma e desata num pranto sofrido; senta no chão e cobre o rosto com as mãos, deixando a arma ao seu lado. Agora, as faces de um senhor idoso se transfiguram para as de uma criança desesperada e desesperançada.

Cabe ao doutor João José levantá-lo, apoiá-lo nos braços e carregá-lo, deitando o agora paciente na maca de exame da pequena sala. Fecha a porta e se dirige ao seu novo paciente.

Suas faces mostram o sofrimento da alma, sem dor física. É o mesmo sofrimento de desesperança que João José conhece dentro de seu âmago. João José envolve-se de afeto por aquele que há minutos o ameaçava.

Confirma João José que não temos controle algum do que vai em nossa alma – hora de medo, hora de raiva... esta é a hora da compaixão.

– Como é o nome do senhor?

– Ezequias...

– Ezequias, o que você está sentido? O que aconteceu?

– Eu estou com câncer no intestino. Abri o envelope do exame e li o resultado. Eu sei que vou morrer!

Frente ao fato, o médico relaxa e sente alívio, pois percebe que tem controle da situação.

– Deixe-me ver o exame!

Ezequias enfia a mão no bolso e tira um envelope todo amarrotado, que estende ao médico.

João José lê o relatório e vai diretamente à conclusão final: "Adenocarcinoma de cólon sigmoide".

Olha para Ezequias e esboça um sorriso paternal.

– Ezequias, realmente você tem um tipo de câncer de intestino, mas não vai morrer. Hoje, para esse tipo de doença, com o avanço da cirurgia e da oncologia, é possível um bom tratamento. Não se preocupe, eu vou cuidar de você. Vou interná-lo para mais exames. Vou ter que operá-lo, mas você vai ficar curado e bom. Não precisava tanto desespero e nem ameaçar ninguém. Eu poderia mandar prender você, mas não vou fazer isso. Vou cuidar de você.

— Doutor, me perdoe. Eu já perdi todos e tudo na minha vida. Eu estou no fundo do poço e agora com mais essa doença.

— Ezequias, fique calmo. O senhor terá tempo para me contar tudo. Já disse, vou cuidar do senhor. Fique deitado aí. Vou chamar a técnica de enfermagem que vai medicá-lo e aquela arma vou entregar na administração. Depois a gente resolve o resto. Fique calmo. Garanto ao senhor, tudo vai dar certo. Vejo você mais tarde na enfermaria.

João José preenche uma ficha para a internação de Ezequias, descrevendo uma anamnese sucinta e uma prescrição protocolar aliada a uma sedação injetável temporária. Pega a arma no chão e esconde-a na cintura por sob sua capa. Caminha até a técnica do posto de enfermagem anexo aos consultórios.

Doutor João José afasta-se dali, pensando: a vida é mesmo algo sem controle: caos há minutos e harmonia poucos minutos depois.

Percebendo o olhar solícito da técnica de enfermagem, dá a orientação.

— Joana, medique o paciente que está na maca de minha sala. O nome dele é Ezequias. Mande providenciar sua internação, mas não converse com ele. Deixe-o um tempo quieto na minha sala. Cancele minhas próximas consultas, por favor.

Sai dali. Segue o corredor que dá acesso ao pátio externo, caminha pela grama até a calçada, dirigindo-se à entrada principal da Santa Casa. É cumprimentado por enfermeiras que cruzam a sua frente, mas não corresponde; está tão absorto em seus pensamentos, que ignora no *hall* principal pessoas conhecidas, e nem mesmo acessa os elevadores. Sobe apressadamente, de dois em dois, os degraus que levam ao primeiro andar e vai até o conforto médico. Precisa relaxar, pois até então o susto ainda não mostrara sua face, e o seu autocontrole, já sabia, era fruto de seu treinamento médico. Prostra-se em uma poltrona de couro voltada para a rua e mira, sem ver, a avenida e os prédios da cidade.

Nem mesmo percebera a presença do colega e amigo antigo, o anestesista doutor Hélio, sentado na poltrona ao lado, lendo uma revista médica.

Hélio, percebendo o olhar no vazio de João José, inicia a conversa:

— João, o que faz você se espichar e viajar nessa poltrona? Parece que você viu um fantasma!

João José, só então, vendo no rosto redondo o sorriso tranquilo do calvo amigo, tranquiliza-se.

— Hélio, eu tive um encontro com 'ela'. Rapaz, como é fácil ser visitado pela morte! Estive a pouco de levar um tiro no peito. Olha como estou agora. Olha minhas mãos como tremem.

Retira a arma da cintura e a estende ao amigo com franco tremor nas mãos.

Conta em detalhes todo o episódio para Hélio e, à medida que fala, vai se aliviando do susto.

a convenção do amor | 35

— João, nós temos que ir até a direção clínica, entregar essa arma, denunciá-lo e também mandar prender esse sujeito. Eu vou até lá com você.

— Não, Hélio. Eu não sei... Alguma coisa, uma lembrança... esse paciente me faz pensar que não devo fazer nada para prejudicá-lo. Eu fiquei foi penalizado com a sua situação. Vou querer cuidar dele e ouvi-lo com atenção noutra hora. Na verdade, decidi comunicar à direção clínica como vou conduzir este caso desconsiderando a burocracia administrativa do hospital. Se for necessário, vou peitar o provedor, já que, como você bem sabe, não nos engolimos há muito tempo.

— João, isso é loucura! O sujeito deve ser maluco e você vai se encrencar novamente com a Provedoria por causa do bandido. O Mário gosta de você, mas não vai segurar todas por você.

João José levanta, dirige-se até a máquina de café na mesa do canto da sala, prepara dois capuchinos, um para si e o outro para o amigo, coçando a sobrancelha esquerda, seu tique antigo.

— Hélio, coloque por enquanto essa arma no seu armário. Depois a gente vê o que fazer. Tudo bem para você?

— Está bom. Vou guardar isso, só porque foi você quem pediu.

João José dirige-se à sala da Direção Clínica, que fica ao lado do conforto médico. Sabe que o velho doutor Mário, cirurgião aposentado, o tem em boa querência e sabe que mais uma vez irá apoiá-lo e protegê-lo.

2.
a carona

2.
a carona

Vejo

Certa vez de meu pai

um cavalo de pau ganhei.

Belo corcel, imaginei.

Num galope que se vai,

meus olhos se clareiam

e às patas o mundo se reabre.

E vejo o mundo de modo profundo,

claro, desnudo e mudo.

Vejo, num lampejo, um harpejo que faz eco em meu silêncio.

Vejo, no belo, um sorriso amarelo.

Vejo, no santo, um espanto pelo seu próprio pranto.

Vejo, na flor, um desabrochar da semente em ardor.

Vejo, no beijo, o encalço do próprio ensejo.

Vejo, na morte, o rumo da própria sorte.

Vejo, na palavra, um'alma que se lavra.

Vejo, na lágrima, um desdém pela própria água.

Vejo, na solidão, um não do seu próprio senão.

Vejo, no amém, um "assim seja" que não se almeja em desdém.

Vejo, no amor, um ardor em pensar na dor.

Vejo, no mar, o olhar ao distante amar.

Vejo, no salmo, o regozijo do conversar bem calmo.

Vejo, no hino, a celestial crença no próprio destino.

Vejo, no horizonte, um caminhar ao sermão do monte.

Vejo, na fé, a ilusão de crer-se na vida em marcha à ré.

Vejo, no materno, o amar que se sabe eterno.

Vejo, no pai, o amar que se sabe que vai.

Vejo, no filho, o amar que não se sabe o trilho.

O sol da manhã começava a raiar e ainda não estava morno. João José estendia o polegar, pedindo carona à beira da rodovia. Dezessete anos, magro, imberbe, mochila nas costas, onde praticamente estavam todos os seus pertences; vestia botas, tipo coturno, calça de brim, camiseta branca; usava cabelo comprido com uma banda trançada de couro na testa, e viajava em seus próprios pensamentos à espera de que uma boa alma se penalizasse e parasse o carro para levá-lo até a cidade grande.

Coçava a sobrancelha esquerda e pensava que tinha que conseguir logo uma carona. Sabia que não poderia chegar ao destino à noite, pois ainda não tinha ideia de onde poderia pernoitar.

Habituara-se às viagens de carona e sentia-se à vontade na beira das rodovias. Gostava dessa liberdade que lhe permitia conhecer pessoas e economizar, uma vez que financeiramente não tinha recursos para viajar.

Dera novamente sorte, como sempre, pois logo um caminhão freou no acostamento e o motorista estendeu a mão com sinal de positivo, chamando-o. João José correu, subiu na boleia e, agradecendo, perguntou se poderia levá-lo até a cidade grande.

– Entre aí, guri – disse o motorista.

João José se acomodou no banco.

O motorista deu sinal de seta à esquerda e acelerou, retornando à pista principal. Era um senhor entre trinta e cinco e quarenta anos, com a barba de dois meses, mal cortada, de face dura e sofrida, olhos castanhos, escuros e pequeninos, profundos em órbitas fundas, testa ampla, com cabelos desalinhados, mal cortados e compridos, negros e encaracolados.

Em sua fisionomia trazia alguma coisa, uma lembrança, um *déjà vu*, principalmente no olhar; parecia-lhe alguém familiar.

Sorriu simpaticamente, puxou conversa, perguntando:

— O que um caipira vai fazer na cidade grande?

João José riu também e, com empatia gratuita, deu continuidade à prosa

— Sou estudante. Terminei o científico e vou tentar uma vaga para o curso de medicina. Não vai ser fácil, mas tenho certeza de que Deus vai me ajudar e vai dar tudo certo.

O caminhoneiro olhou para João José com olhar de profunda sabedoria:

— Guri, se você começa sua vida já falando que Deus vai te ajudar, então já está com meio caminho resolvido; o resto depende só de você. Deus vai te acompanhar sempre; você é que não pode esquecê-Lo durante toda sua vida terrena.

Durante todas as três horas da viagem, calou-se como se não quisesse ser perturbado.

João José preferiu também se calar.

Sem se importar onde João José iria descer, dirigiu até um bairro de classe média da cidade grande. Parou em frente a uma casa. Desceu, deu a volta pela frente do caminhão, abriu a porta do carona e fez sinal para João José descer.

Indicou a casa, abriu o portão de ferro que dava acesso ao jardim de entrada da casa e disse:

– Guri, aqui começa sua estrada. Esta é a sua primeira parada. Vá com Deus.

João José não entendeu direito, mas, diante da firmeza da fala daquele motorista, pareceu ser bom não contrariar. Aquele olhar familiar, o *déjà vu* lhe visitou a mente e o fez ficar calado.

João José nem bem deu uns passos em direção à porta de entrada, quando escutou o caminhão acelerando e indo embora.

Antes de bater, João José verificou as inscrições entalhadas na madeira da porta:

CEU – Casa do Estudante Universitário

Obra da Irmandade Espírita LaeI

3.
a encruzilhada

3.
a encruzilhada

Descrença

Por mais que permaneçam as miragens
e dos sonhos exaurem as esperanças,
são todos os caminhos tortuosos vales;
perdem-se neles as essências das andanças.

Vida a rebuscar ideias,
vida a procurar ideais,
vida a profanar conceitos,
vida a mostrar preceitos.

As ideias, nossos tropeços.
Os ideais, nossos tormentos.
Os conceitos, nossos apoios.
Os preceitos, nossos governos.

A ansiedade e angústia se apossaram do jovem João José. Acabava de ser aprovado em uma escola médica, mas talvez perdesse a matrícula por falta de recursos financeiros para arcar com os custos de sua própria manutenção e com os gastos com o curso em si. De novo, estava pedindo carona na vida, na encruzilhada de que decisões tomar.

Naquele ano, trabalhara para a sua própria subsistência, no período diurno, e se preparara para os estudos, no período noturno, para o ingresso na universidade.

Já passara um ano desde que fora deixado em frente à Casa do Estudante e a boa recordação daquele motorista voltou à sua mente. A última frase que lhe dissera marcara profundamente seu ser.

Tinha praticamente passado a noite acordado; era madrugada e estava deitado na parte superior do beliche, olhando para o teto. Recorria em silêncio a Deus. Não sabia e não gostava de nenhum tipo de ritual religioso; achava que era suficiente pensar n'Ele e seria socorrido. Sem nenhuma surpresa, em sua mente apareceu seu falecido pai e de imediato se lembrou de um velho militar de alta patente que, às vezes, se hospedava na casa do seu pai, no interior, para pescarias. Lembrou-se do nome e sobrenome, coronel José Teodoro Aires. Levantou-se imediatamente, foi até a lista telefônica da sala do albergue. Anotou mais de uma dúzia de homônimos. Gastou mais de uma hora telefonando, até que uma senhora confirmou ser a esposa do agora general Teodoro.

João José se identificou e a senhora forneceu o telefone e o endereço de onde poderia encontrar seu marido.

João José procurou então o general em sua guarnição militar. Depois de longa espera, conseguiu falar com o velho conhecido do seu pai. O velho militar escutou o jovem e resolveu ajudá-lo.

Deu dois telefonemas, fez um bilhete manuscrito de apresentação de João José e mandou-o procurar a senhora Clélia, esposa de um coronel-engenheiro da reserva, Olavo, que era diretor de obras de uma grande empresa do país. Dona Clélia era uma das responsáveis pelas obras de caridade de uma instituição espírita da cidade.

Essa senhora recebeu João José em sua casa como se ele fosse visita costumeira e tratou-o como a um neto querido. Escutou atentamente sua história. Ligou para o esposo.

João José percebeu que a senhora era na verdade quem orientava a decisão do coronel Olavo.

Enquanto ela conversava com o esposo, João José viu uma foto do casal em que o coronel ostentava, em sua farda militar, sua patente e medalhas de mérito. Em sua fisionomia trazia alguma coisa, uma lembrança, um *déjà vu*, principalmente pelo olhar da foto, parecia-lhe alguém familiar.

Dona Clélia voltou até João José com uma resposta da direção sobre o caminho que teria que seguir naquela encruzilhada.

– João, você receberá uma bolsa de estudos da empresa, que tem como deduzi-la dos impostos. A única coisa que lhe peço é que nunca volte para agradecer. Algum dia, você terá somente que fazer por alguém algo que sirva aos olhos de Deus como uma retribuição. Deus vai te acompanhar sempre. Você é que não pode esquecê-Lo durante toda sua vida terrena.

João José retornou para a Casa do Estudante ao anoitecer. Passara o dia e ele nem se dera conta.

Ao empurrar a porta, olhou para inscrição, passou os dedos nas letras entalhadas, como se quisesse acariciar seu passado, e releu as palavras em voz baixa, ouvindo a si mesmo:

CEU – Casa do Estudante Universitário

Obra da Irmandade Espírita LaeI

4.
a cabanha do amor

4.
a cabanha do amor

Flor Dourada

Não é justo esse caminhar.

Sentir só quando possível.

Só de quando em vez o roçar de sua boca em minha boca,

o teu cheiro em meu hálito de tua flor dourada

o sabor veneno.

Sentir só quando possível.

Só de quando em vez.

Não é justo esse caminhar

Quem dera fosse eterno

Que fosse eterno o que me dera

Quando tua flor dourada me recebe

E pede o cetro ereto etéreo.

Não é justo a lembrança,

Ver só quando possível,

Ver de quando em vez,

Seu longo dourado a cobrir seu dorso nu,

na linha do sonho em que me curvo e recurvo,

quando dentro me adentro e me adentro.

Não é justo quando olho de soslaio

e vejo seu encanto desnudo

e fico mudo em meu canto,

quando seu maroto rosto sorri

e, como num encanto louco,

sou lacaio de ti.

Minha eterna Flor Dourada!

A necessidade de sobrevivência e o amor entre as pessoas já levou a humanidade a todos os lugares geográficos do planeta. O amor entre pessoas não estabelece limites de tempo, raça, lugar, distinção social e idade. O amor em tudo manda e tudo estabelece. A procura do conhecimento para entender a vida, o amor e a própria sobrevivência sempre foram a roda do movimento dos seres humanos.

Doutor João José, após breve período de adaptação ao novo emprego, encontrara em doutor Hélio um grande amigo e, por intermédio dele, a oportunidade de acesso a uma literatura nova e de estudos espíritas na casa de alguns de seus amigos.

João José chegara à conclusão de que as religiões podiam ser centenas ou milhares, mas que a espiritualidade era única. Nas religiões, uns dizem para outros o que se tem de fazer; na espiritualidade, ouve-se somente a voz interior. Nas religiões, existem regras dogmáticas; na espiritualidade, o convite ao raciocínio. Baseadas nessas regras, as religiões querem criar a fé pela ameaça; a espiritualidade concede a fé interior sem medos. A religião não é Deus, diz falar em nome d'Ele e vai buscar as pessoas para que n'Ele acreditem. A espiritualidade busca o homem para que n'Ele acredite, sem fazer apologia de qualquer livro sagrado, buscando o conhecimento em todos os livros. A religião orienta o fazer; a espiritualidade, como ser e transcender. A religião, pelo medo, obriga o ser humano a renunciar ao mundo; a espiritualidade, a conhecê-lo. A religião pratica a adoração; a espiritualidade, a meditação. A espiritualidade liberta nossa consciência e nos indica o caminho da vida eterna. A religião nos promete felicidade eterna após a morte; a espiritualidade nos mostra que somos seres espirituais em vida experimental humana e que não existe morte, mas somente uma mudança de plano astral.

Aprendera muito. Entusiasmou-se com o que para ele era uma nova doutrina, mas evitava envolver-se com as pessoas daquele círculo. Usava o que com eles aprendera, mas procurava tê-los afastados de sua vida pessoal, com exceção de Hélio, que frequentava seu pequeno apartamento e que assiduamente era companheiro em almoços e jantares.

— João José, minha mulher vive falando que você já está passando da hora de casar. Desde que chegou a esta cidade, você só vive em função do seu consultório e da Santa Casa. Você passou dos trinta e cinco anos e parece que só sabe trabalhar e estudar. Vive com namoradas temporárias sem se fixar em nenhuma. Já tem independência financeira suficiente para constituir uma família. Afinal, o que você está planejando?

João José coçou a sobrancelha esquerda, seu tique antigo, rindo para o amigo e do amigo, e disse:

— Vou me divertindo com as erradas enquanto não encontro a certa. Sei que ela está por perto; talvez ela passe por mim e eu por ela e a gente nem se veja, mas, como diz a poesia popular:

"Passas com outro, eu também
"com outra passo ao teu lado.
"Dois palhaços que se veem
"carregando o embrulho errado.

"No momento certo, sei que a encontrarei. Nessa vida, tenho certeza de que vou encontrar a pessoa certa, aquela que já foi minha companheira em outras vidas."

João José sabia que, em algum lugar e em algum momento, teria um encontrão, um esbarrão, e a certeza de que reconheceria a mulher que era o seu amor de outras vidas, aquela que completaria a procura que fora perdida em desencontros de outras vidas. Sabia que já a conhecia e o quanto, só não sabia onde estava. Ria de si e repetia sempre para si, quando estava com alguma companhia feminina: "Divirta-se com essa errada até encontrar a certa".

Sabia também que em outras vidas tivera mulheres e filhos que lhe deram a experiência e o conhecimento do conviver, mas que nesta vida encontraria o amor da entrega.

Hélio já conhecia esse seu jeito de ser, mas sempre questionava o modo de viver e de pensar de João José.

Sabia também que precisava retirar o amigo de vez em quando da lida.

João José chegara àquela cidade de porte médio há dez anos, após concluir a escola médica e a formação na especialidade cirúrgica na cidade grande. Recebera um convite do diretor-clínico, quando se conheceram em um congresso. Doutor Mário queria aposentar-se do serviço da cirurgia geral por ter assumido a direção clínica da Santa Casa.

Desde que assumiu o serviço, doutor João José não sabia o que eram férias. Envolvera-se no trabalho e na modernização do centro cirúrgico aos moldes dos melhores avanços de tecnologia possível para uma Santa Casa de uma cidade de médio porte.

Enfrentara os maiores desafios por causa do atraso de mentalidade da Provedoria, que secularmente era de família de passado oligárquico. O atual provedor vinha da família dos fundadores da Fundação Mantenedora da Santa Casa e tratava a instituição como se fosse um bem pessoal. Utilizava a instituição como escada política sem visar à benemerência para a sociedade daquela cidade.

Se dependesse exclusivamente de si, a Provedoria já há muito tempo teria dispensado doutor João José. O que o mantinha no hospital eram sua competência e fama, que faziam com que pacientes, além dos da cidade, como também de cidades vizinhas, recorressem à sua ajuda.

No Conselho da Fundação Mantenedora, algumas senhoras que dedicavam suas vidas a instituições de caridade tinham especial apreço pelo doutor João José, por causa de sua sempre pronta dedicação aos protegidos dessas instituições; e elas intervinham sempre a seu favor, quando a Provedoria insinuava qualquer ameaça à permanência do médico querido.

As forças políticas dentro de uma empresa ou instituição fazem parte dos aborrecimentos para todas as pessoas de bem.

O amigo e diretor-clínico, doutor Mário Dias, era de personalidade fleumática. Estava ali a pessoa certa para o cargo. Mantinha a Santa Casa funcionando no seu dia a dia com relativa tranquilidade. Sabia negociar sempre a favor do doutor João José, sem afrontar ou melindrar a Provedoria ou o Conselho Mantenedor.

Doutor Hélio, penalizado por ver João José sempre atarefado e envolvido com a profissão, insistia sempre para a necessidade das férias.

— Aluguei um chalé num pequeno haras numa cidadezinha vizinha para o próximo feriado prolongado, de sexta à segunda-feira, exclusivamente em seu nome. Quero que você vá e descanse pelo menos esses quatro dias. Separei o livro *Laços eternos*, que sei que você ainda não leu. Li e gostei muito, mas gostaria que o lesse para conversamos depois sobre o conteúdo. Você não vai levar nenhum livro de medicina.

— Hélio, você sabe que eu não posso me ausentar do hospital. Tenho as visitas e o seguimento de vários casos. É impossível!

— Desta vez, não tem desculpas. Você vai e pronto! Conversei com o doutor Paulo, seu assistente, e ele garantiu que cuidará de tudo por aqui. Você precisa repensar sua vida e sua saúde física e até mental. É coisa de amigo. Vá por mim!

João José coçou sua sobrancelha esquerda e se deu por vencido. No fundo de sua alma, sabia que o amigo tinha razão. Inteirou-se dos detalhes da pequena viagem e assentiu.

Hélio despediu-se do amigo com o ar satisfeito da vitória e da missão cumprida.

Doutor João José trabalhara o dia inteiro e até parte da noite atendera no seu consultório. Estava cansado, mas, mesmo assim, arrumou sua mala para a viagem. Aqueceu uma refeição congelada no aparelho de micro-ondas; jantou solitariamente, como de costume. Preparava-se para dormir. Sentou em uma poltrona e, nem bem começara a folhear o livro que o amigo emprestara, o telefone tocou. Era mais um chamado para uma cirurgia de urgência na Santa Casa. Colocou a mala no porta-malas do seu carro, vestiu seu jaleco branco de trabalho por sobre o habitual traje social, ajeitou a gravata e foi para o hospital. Operou pela noite e madrugada afora. Quando deixou o hospital, se deu conta de que já começava a nascer outro dia.

Pensou consigo: "O Hélio tem razão. Eu preciso descansar".

Saiu do hospital decidido. Desafogou a gravata e caminhou até as vagas privativas dos médicos no estacionamento.

• • •

Na madrugada de sexta-feira, João José olhava pelo

retrovisor os primeiros raios de sol começando a despontar por detrás dos prédios da cidade. Em poucos minutos alcançara uma estrada vicinal de mão dupla. Apesar do discreto frio da primavera, abriu os vidros e o teto solar de seu automóvel, sentindo o vento úmido da manhã no rosto e nos cabelos. A estrada naquele horário parecia ter sido reservada só para ele; uma emoção de dono do mundo visitou seus pensamentos. Pensou consigo que já começara a relaxar somente por dirigir sem pressa. Habituado a ouvir notícias no rádio ao dirigir, negou-se a ligar o aparelho e deixou-se ouvir o seu pensar.

– Como foi que Hélio conseguira essa façanha? Esse amigo é danado!

Dirigia observando detalhes da paisagem sem compromisso de memorizar os detalhes da autoestrada.

Sem se dar conta, dirigira por pouco mais de uma hora quando acessou uma estrada de terra à sua direita. Sacolejando, atravessou um mata-burro e ainda dirigiu por mais uns quatro quilômetros, parando à frente de um portal de tijolos aparentes. Neste, pendia um adorno, uma tábua grande de madeira negra trabalhada pendurada por duas correntes de elos de ferro, entalhada com letras em tinta branca: "Cabanha Flor Dourada". Uma extensa cerca de madeira pintada em branco margeava toda a propriedade, configurando um ar bucólico de esmerado cuidado. Desceu do automóvel, abriu uma porteira pesada de madeira escura que compunha com a cor da tábua pendente, voltando ao carro e atravessando o portal. Metodicamente, como era seu modo de ser, parou novamente o veículo, retornou e cerrou a porteira.

Ocupou novamente o assento do motorista e sentiu alívio ao olhar pelo retrovisor a porteira fechada. Pareceu-lhe que fechara atrás de si o seu passado e deixara todas as preocupações do mundo lá fora.

Chegara e encontrara seu destino.

Estacionou em frente ao que supôs ser a sede principal. Era uma casa grande também de tijolos aparentes, toda avarandada, com o telhado exposto sobre madeira crua apoiada em arcos, também de tijolos aparentes.

Um riacho descia pelo lado esquerdo a uns cem passos, desembocando em uma barragem que formava um pequeno lago. À margem do lago se viam quatro pequenos chalés de madeira, parecendo pequenas cabanas avarandadas. João José imaginou que ali seria alojado, provavelmente.

Noutra lateral da casa, a uns trinta passos, um conjunto em semicírculo de uma dúzia de baias contíguas de barro batido e pintadas de branco, cobertas de sapê, destacavam-se pela harmonia da construção. Em frente à baia, havia um redondel de adestramento.

Todo o recanto era bucólico e aprazível aos olhos, apesar da simplicidade das construções.

Sem descer do carro, João José viu que um senhor movimentou-se lentamente, vindo das baias em sua direção. Tirou a boina verde de feltro, expondo a calvície e o ralo cabelo branco ao redor da cabeça. Abriu-se em um sorriso, expondo o vasto bigode branco estendido até o queixo. Vestia trajes típicos de peão do sul – bombachas, botas de cano alto, camisa larga, guaiaca e lenço no pescoço preso por anelão dourado.

Em sua fisionomia trazia alguma coisa, uma lembrança, um *déjà vu*. Parecia-lhe alguém familiar. Estendeu a mão aberta para dentro do carro e apertou a mão de João José de forma entusiasmada.

— Bom dia, o senhor é o médico que veio vadiar uns dias com a gente?

— É, sou. Se o senhor acha que descansar é vadiar, que então seja.

— Desculpe esse meu jeitão de falar. Só sei que sei que, se Deus o trouxe até aqui, é porque o senhor estava precisando. Se o acompanhou até aqui, é porque o acompanha sempre.

"Eu sou Luziano, seu criado. Eu cuido de tudo por aqui. Sou meio empregado e meio gerente. A dona me adotou como pai e diz que eu sou mais dono do que ela, de brincadeira."

— Que bom, Luziano. E onde eu vou ficar?

— O senhor pode estacionar na frente daquela cabana. A gente descarrega suas tralhas e depois o senhor vem comigo para tomar o café aqui em casa. Aqui são servidas todas as refeições. É minha velha Olímpia quem cozinha, e muito bem.

— Vai ter mais alguém hospedado aqui, neste feriado?

— Claro, mas o senhor é o primeiro a chegar.

João José estacionou à frente da cabana que Luziano indicara. Acionou o botão do porta-malas e, ao descer, Luziano já estava, sem cerimônia, carregando sua mala para a cabana.

Luziano já iria lhe mostrar todo o ambiente. Era um quarto e sala num único ambiente. No banheiro anexo ao quarto, havia um ofurô de madeira e, sobre este, uma ducha, o que dava certo ar de sofisticação ao recinto. Toda a mobília era de madeira rústica, a cama, a mesa e suas duas cadeiras, o armário e um baú aos pés da cama. Duas poltronas com almofadas de couro a um canto adornavam o ambiente.

A iluminação principal era feita por um lustre de roda de carroça com lâmpadas em forma de vela.

O cheiro da madeira impregnava o ar e compunha bem com o ambiente da cabana.

Não havia rádio, televisor ou telefone na cabana.

João José agradou-se da decisão do amigo doutor Hélio na escolha do lugar.

— Eu vi o nome do senhor na reserva. É doutor João José, não é?

– Sim, mas me chame de João, ou de José, ou de João José, sem o doutor; afinal, você disse que eu vim aqui para vadiar, não é?

Luziano riu.

– Vou deixar o 'doutor' à vontade. Quando o 'senhor' João José quiser, suba até a casa. O café da manhã é servido a partir das seis horas, ou seja, daqui a pouco.

Fechou a porta e subiu.

João José colocou sua mala no armário sem desfazê-la, o livro recomendado pelo amigo sobre a mesa e dispôs seus objetos de higiene pessoal no banheiro. Vendo o lençol de linho tão bem esticado na cama e dois grandes travesseiros ajeitados na cabeceira, não resistiu e, sem se despir, atirou-se na cama sem se dar conta de que ainda trajava sua roupa social, que estava engravatado, que ainda vestia seu jaleco branco de trabalho e que estava calçado. Olhando para o teto teve um sentimento e pressentimento de que chegara e encontrara seu destino. O cansaço se fez vitorioso e João José adormeceu.

• • •

Acordou assustado. Olhou no relógio e viu que já passava das cinco horas da tarde. Dormira praticamente o dia todo. Percebeu que fora coberto por uma manta leve e que foram retirados os seus sapatos e sua gravata.

Descobriu-se, levantou e foi ao banheiro; fez a barba, escovou os dentes, entrou no ofurô de madeira e deixou-se banhar por uma ducha quente. Acomodou-se por uma meia hora no ofurô.

Vestiu uma bermuda de brim, uma camiseta confortável, sapatos mocassim e penteou os cabelos.

Ao abrir a porta da cabana, ficou paralisado, assustado e sem palavras. Praticamente dera um encontrão cara a cara com a cara de um cavalo negro.

– Oh, desculpe se nós o assustamos. Não sabia que o senhor iria abrir a porta agora.

Montada no cavalo, João José viu a mulher mais linda que seus olhos já haviam mirado. Ria dele e para ele.

Linda com seus cabelos dourados, longos e lisos, emoldurados por um chapéu preto. Tinha as bochechas coradas e um sorriso meigo, e seus olhos castanhos miravam-no com ternura penetrante. Trajava uma camisa amarela de punhos dobrados, luvas de couro, calça *jeans* e botas meio cano vermelhas. O cavalo crioulo parecia, em seu porte majestoso, orgulhar-se de sua amazona e a exibia imponente.

João José ficou sem palavras. Fitou a moça nos olhos por eternos segundos, magnetizado e sem dizer palavra alguma, de tal forma que ela corou e baixou os olhos, como que envergonhada, pega em traquinagem.

– Puxa vida, o senhor não vai falar nada? O senhor ficou bravo?

A moça apeou do cavalo, tirou a luva da mão direita e estendeu a mão para João José, que continuava paralisado. Em ato mecânico, apertou a mão da moça e, com as duas mãos, estreitou-a, mantendo-a segura.

– Sou a proprietária do haras. Eu e Luziano viemos aqui várias vezes durante o dia e vimos o senhor dormindo. Percebendo o quanto estava cansado, nós o deixamos dormir. Eu tomei a liberdade de tirar os seus sapatos, sua gravata e cobri-lo.

Só então João José se recuperou do momento constrangedor, tentando balbuciar algumas palavras.

– Eu... eu sou o doutor João José... Eu estava muito cansado... Passei a noite operando...

A moça delicadamente soltou sua mão das dele e, ainda corada, tentou fitar seus olhos... e também ficou encabulada. Tentou balbuciar algumas palavras:

– Espero que o senhor não fique bravo comigo e com o Apolo...

– Apolo?

– Sim, o Apolo, meu cavalo crioulo.

João José riu, tomando domínio da situação.

– Eu não ficarei bravo se a dona do Apolo disser seu nome e cuidar de mim, pois o susto foi grande. Ficar cara a cara com o Apolo não foi fácil. A sorte foi que o rosto lindo da dona dele me acalmou.

A moça corou de novo, agora já percebendo o galanteio, mas não se faz de tímida.

— A moça de rosto lindo se chama Flor Dourada. Não ria de meu nome. Fui nomeada com muito amor pelos meus pais.

— Que lindo nome para uma linda mulher! Seus pais foram abençoados na escolha. Agora faz sentido o nome "Cabanha Flor Dourada"!

— Foi a herança que me deixaram há dez anos, antes de partirem desta vida, além de seu Luziano e de dona Olímpia, que fazem parte do patrimônio da propriedade desde que eu era menina. Eu os adotei como meus pais.

"Agora, 'Doutor' João José, vamos subir até minha casa para o senhor comer alguma coisa. Vou pedir a dona Olímpia que lhe prepare uma boa refeição. Não se preocupe, pois 'eu vou ter que cuidar bem de você'. Depois do susto que eu e o Apolo lhe demos, é minha obrigação."

— Está bem, Flor Dourada, mas para você, de hoje em diante, é João, ou José, ou João José; nada de senhor ou doutor.

• • •

Nesse feriado prolongado de quatro dias, João José e Flor Dourada encontraram e chegaram ao seu destino. Horas e horas sentados à beira do lago, na varanda da pequena cabana, a cavalgar lentamente pela propriedade, em conversas que se completavam. Parecia que reatavam diálogos de há muito perdidos no tempo. O livro que João José trouxera, leram juntos, deitados em gramados ao sol morno das tardes e manhãs. As noites se estendiam pela madrugada, nos banhos quentes no ofurô de madeira. Na suas insônias, eram sonâmbulos sonhando sons, somando sonhos e buscando a eternidade nos seus infinitos. Do encontrão na vida, a vida a dois se fez. Na curvas dos caminhos curvos nocticolormente se encontraram.

João José deixaria todas as erradas, porque encontrara a certa. Tinha razão ao dizer que no tão esperado encontrão, num esbarrão, encontraria a sua companheira na jornada da vida.

João José sabia que, em algum lugar e em algum momento, esse encontrão ou esbarrão traria com certeza a pessoa certa, que encontraria a mulher que era o seu amor de outras vidas, aquela que completaria a procura que fora perdida em desencontros de outras vidas. Sabia também que já a conhecera, só não sabia onde ela estava, mas que a encontraria... e a encontrou.

Ao se despedir de seu Luziano, que a tudo assistira nesse fim de semana e por entre seu vasto bigode ria de soslaio para sua companheira, dona Olímpia, João José ouviu:

– É, moço, você veio até aqui acompanhado por Deus e Ele vai acompanhar vocês dois sempre, não se esqueça. Volte para levar sua prenda.

– Luziano, pode ter certeza de que volto, e logo.

No entardecer da segunda-feira, João José olhava pelo retrovisor os últimos raios de sol começando a deitar por sobre as cercas brancas da cabanha. A imagem de Luziano e Olímpia na varanda e da Flor Dourada numa janela da casa já lhe trazia um sentimento de saudade.

Realmente teve a certeza de que Luziano em sua fisionomia lhe trazia alguma coisa, uma lembrança, um *déjà vu*; principalmente no olhar, parecia-lhe alguém eternamente familiar.

5.
repensar e viver

5.
repensar e viver

Sentimento Perdido

Apesar de nosso sentimento escrito

não ser claro a quem tê-lo lido,

não vale o esforço do sentimento

d'um pensamento não lido.

Volto e retomo pro eu embutido

dentro do meu próprio sentimento,

no meu solitário pensamento

e aqui me vou,

perdido em meio às letras que me encontro.

Sentado frente à mesa de madeira de mogno, doutor João José descreve o caso do paciente Ezequias para o seu superior, o bom amigo doutor Mário, seu diretor clínico.

Omite a situação de violência e ameaça por que passou e comunica que decidiu operar o caso por técnica cirúrgica videolaparoscópica, mesmo sabendo que os custos para a instituição seriam maiores devido ao uso do grampeador para sutura mecânica, com suas cargas descartáveis, dos trocáteres descartáveis e do bisturi harmônico com sua tesoura coaguladora.

Sabe que uma cirurgia por técnica laparotômica por via aberta seria mais econômica, mas insiste que não pode abrir mão do avanço tecnológico por que tanto prima e trouxe para o bom nome do hospital e que tanto agregou à sua carreira.

Doutor Mário Dias aposentou o bisturi precocemente para assumir a direção clínica, quando deixou o serviço de cirurgia geral aos cuidados do doutor João José há quase trinta anos, mas continua a admirar o entusiasmo pelos avanços que aquele médico, desde jovem, ao assumir o serviço em seu lugar, trazia em seu olhar. Eram esfuziantes sua linguagem e seu semblante.

Doutor Mário não consegue e nem pensa em contra-argumentar. Por mais uma vez terá que enfrentar o diretor financeiro e o superintendente do hospital, em favor de doutor João José, mesmo sabendo que eles são aparentados e apaniguados políticos da Provedoria.

Seus argumentos são praticamente os mesmos para convencê-los. Usa sempre o histórico de que o doutor João José havia operado os familiares de ambos pela melhor técnica disponível no hospital e que não os distinguiu dos menos favorecidos. Além de que sua taxa de sucesso é inquestionável e de que o salto de qualidade científica e o resultado financeiro da instituição se devem ao doutor João José.

Isso será o suficiente para impedir reuniões extensas e controvérsias.

Ao sair da sala do doutor Mário para o conforto médico, mais uma vez satisfeito com o apoio de seu chefe, doutor João José resolve tirar o resto do dia de folga.

Telefona para seu colega, doutor Paulo, pede-lhe desculpas, dizendo que lamentava, mas que surgira um imprevisto e se ele poderia reassumir seu posto no Centro de Especialidades.

Ao caminhar para o estacionamento privativo dos médicos, pensa no grande amor por seus filhos e por sua Flor Dourada e no risco de tê-los perdido na situação de violência a que o paciente Ezequias o expôs.

A vida lhes premiou, graças ao esforço de ambos, com uma boa casa em condomínio nos arredores da cidade. Ainda conservaram ao longo de suas vidas a "Cabanha Flor Dourada" como seu recanto e esconderijo paradisíaco de vida, onde puderam educar e assistir ao crescimento de seus filhos, que uma vez adultos foram-se para a vida.

Dirige para casa. Estaciona em sua vaga na garagem ao lado do veículo utilitário de Flor Dourada e entra pelos fundos da casa.

Como de costume, entra chamando em voz alta: – Flor... Flor... Flor... Cadê você?

Ela vem ao seu encontro, beijam-se.

Sua companheira percebe naquele beijo um leve tremor, uma ansiedade no corpo do marido e, antes que possa perguntar alguma coisa, é interpelada com leve toque de preensão do indicador nos lábios.

– Flor, vamos passar o final do dia e a noite na cabanha. Voltaremos amanhã cedo. Vamos arrumar nossas coisas.

– João, no meio da semana? O que aconteceu, já se aposentou? – indaga Flor Dourada, sorrindo com semblante de curiosa.

João José medita para responder, coça sua sobrancelha esquerda:

– Não, Flor. Lá ou talvez no caminho, eu lhe conte.

Vão até seu quarto de vestir. Vestem roupas rústicas, costumeiras a ambos.

Flor Dourada dirige seu utilitário, um jipe confortável, por pouco mais de uma hora, até chegarem ao portal da cabanha. João José mantém-se calado no banco do carona e ela prefere não questioná-lo.

Tanto se conhecem que a harmonia do silêncio, na maioria das vezes, lhes diz mais do que as palavras.

Não são recebidos, como de costume, por Luziano e Olímpia, que os haviam deixado nesta vida, sós, há alguns anos.

Toda vez que chegavam à propriedade, uma tristeza e ao mesmo tempo uma saudade já conhecida visitavam seus corações. Aceitavam com compreensão e o manso conhecimento da espiritualidade a realidade que a vida lhes designara.

Chegam à frente da casa-grande. João José desce, caminha até a porta da motorista, abre-a, pega a esposa pela mão e a beija com ternura

— Flor, deixe o jipe aí e vamos andar a cavalo.

Flor Dourada, percebendo a inquietação no coração do companheiro, não discute.

Caminham juntos de mãos dadas até as baias. Na estrebaria ao lado, João José pega sua sela e a coloca em frente a uma baia. Retorna, pega a sela de Flor Dourada e a coloca em frente à baia ao lado.

Neste momento, um rapaz se aproxima de forma amistosa, com um sorriso desconfiado.

— Boa tarde, doutor... boa tarde, dona Flor. O que houve com vocês para virem, hoje, aqui?

— Luiz, foi saudade dos cavalos.

Fala de forma seca para não encompridar a conversa.

— Já que você está aqui, prepare o Top para a Flor, enquanto eu selo a Alegria para mim.

a convenção do amor | 77

Luiz e sua esposa, Lígia, são os novos empregados contratados após o passamento de Olímpia. Já estão acostumados à rotina da propriedade, uma vez que foram indicados e treinados por Luziano antes de seu passamento. Vivem neste pequeno éden com sua pequena filhinha Lucimara.

João José e Flor Dourada escovam e acariciam seus animais. Assim que selados, montam e cavalgam lentamente em direção à estradinha que margeia o lago por detrás das cabanas de locação.

À medida que cavalgam, João José admira as orelhas de sua égua, reconhecendo em seus movimentos os sinais de empatia que a égua lhe transmite. Aprendera com Flor Dourada a reconhecer a linguagem dos cavalos na movimentação das orelhas. Sabia quando sua égua demonstrava felicidade em sua companhia.

Inicia, então, uma conversa mansa com sua companheira, que trota lentamente em seu cavalo ao lado. Até então, Flor Dourada não fizera pergunta alguma. Aprendera com o passar dos anos a reconhecer a melhor forma de conviver com seu parceiro. Conhecia a fundo a alma do marido e sabia quando este estava no fundo da caverna dos seus pensamentos.

– Flor, os anos que passamos juntos têm sido os melhores de minha vida. Eu sabia que, desde o primeiro encontrão e susto que me deu com o Apolo, você seria o amor de minha vida. Eu a amo profundamente e, hoje, senti medo de te perder. Toda vez que estamos aqui, eu sinto uma saudade imensa de Luziano e Olímpia. Aprendi com você a amá-los. Sei que na vida devemos estar preparados todos os dias, pois não sabemos qual é nossa hora nem a de ninguém. Eles se foram, mas às vezes eu os sinto aqui por perto, cuidando de nós dois. Lembra-se do amor e cuidados que tiveram para com os nossos guris?

— João José, você está dando voltas para me contar algo, mas antes disso eu quero falar o quanto eu também sinto falta deles. Quando meus pais sofreram o acidente que os levou desta vida, eu era uma mocinha e Olímpia e Luziano me assumiram como pais e avós com tanto amor que não permitiram que eu fizesse nenhuma besteira de adolescente. Conseguiram que eu terminasse os estudos e incentivaram minha formação no magistério. Aprendi com eles a cuidar da minha cabanha e, como eram praticamente os cuidadores da cabanha, ainda pude dar aulas na escola pública da cidade. Meus pais deixaram esta propriedade como herança, mas a maior herança foi ter Olímpia e Luziano junto de mim até você chegar.

— Sabe, Flor, eu já lhe disse isso, mas por toda a minha vida eu sempre tive a impressão de estar sendo vigiado, protegido e ajudado por várias pessoas, mas sempre com a sensação de que essas pessoas eram uma só. Toda vez que alguém me ajudou, tive a impressão, um *déjà vu*, de que aquela pessoa e cena eram familiares. A primeira vez que vi Luziano, aqui na cabanha, essa sensação me visitou, mas o mais interessante é que, no olhar dele, pareceu-me sempre ser uma pessoa conhecida.

Seus cavalos troteiam lentos lado a lado, na pequena trilha às margens do lago, parecendo estar também ouvindo a conversa. Suas orelhas levantam, giram e baixam a todo momento. João José observa esses meneios e muda o assunto.

— Outra saudade é do seu garanhão Apolo. Ele foi o nosso cupido. Felizmente deixou-nos várias crias para a cabanha. O Top e a Alegria são bons exemplos da sua excelente linhagem, além da maioria dos nossos outros animais. Nossos cavalos foram bons companheiros da infância e adolescência de nossos guris.

— João José, dói muito saber que eles já são homens crescidos e foram fazer suas vidas. Às vezes, sinto que não tenho mais nada para fazer na vida. Nós os educamos e cuidamos bem deles. Sei que estão preparados para a vida, sei que não precisam mais de nós, mas o sentimento de ausência é grande. Só nos resta, agora, cuidar um do outro. Os netos, quando vierem, serão visitantes, pois provavelmente nossos filhos preferirão continuar na cidade grande.

"Mas, João, você está dando voltas, fazendo rodeios para me contar alguma coisa que aconteceu com você hoje. Afinal, o que houve para você querer vir aqui no meio da semana?"

— Você tem razão, Flor. Desculpe, vou lhe contar.

João José descreve com detalhes a ameaça ocorrida no hospital pela manhã.

— Na hora, não senti nenhum medo, mas depois me dei conta do que perderia se esse paciente apertasse, num ato de insanidade, aquele gatilho. A vida com você tem sido maravilhosa e, neste recanto, quando estamos juntos, sempre recuperamos nossas energias para continuarmos crescendo e evoluindo nesta vida. Você é uma companheira maravilhosa e a possibilidade de perder você me deu uma angústia tão grande que a minha primeira vontade foi a de vir para cá e ficar com você. Eu te amo profundamente e sei o quanto me ama.

Ambos emparelham e freiam seus cavalos. Apeiam. Dão-se as mãos, se abraçam por um longo tempo antes de se beijarem.

As águas do lago refletem a luz do sol em suas pequenas ondas causadas pelo vento fresco do final de tarde. Deitados na grama à beira do lago, não percebem que as horas passam lentas para eles, mas que o entardecer se aproxima quando os últimos raios de sol deixam de refletir no lago.

Só então percebem que a fome é a campainha da fisiologia gástrica que os instiga a levantarem e irem-se dali.

Retornam até a casa-grande, puxando os animais pelas rédeas, caminhando de mãos dadas.

Ao se aproximarem da casa, param para admirar o serpentear da fumaça da chaminé do velho fogão a lenha que se desvanece por sobre o telhado rústico. O cheiro de feijão e arroz cozidos, da carne frita misturam-se entre si, aguçando ainda mais a fome que se converte em apetite.

Ao entrarem, veem a grande mesa de madeira rústica ao lado do fogão a lenha, que já está posta para cinco pessoas. Luiz, Lígia e sua pequena guria aguardam o casal para jantarem juntos.

João José abre uma garrafa de vinho que já estava no balde de gelo. Serve as taças que já estavam postas ao lado dos pratos. O rapaz já conhecia os hábitos do médico e sempre os acompanhava numa taça de vinho.

Jantam em família, conversam amenidades e sobre a administração da cabanha.

Flor Dourada e Lígia levam a menina para dormir, enquanto João José e Luiz encarregam-se de lavar, secar e guardar os utensílios do jantar.

Na suíte principal da cabanha, João José e Flor Dourada comentam o quanto adoram essa relação simples e afetuosa com o casal e os invejam pelo quanto eles podem usufruir todo o tempo daquele paraíso.

Têm, ali onde tudo começou, o revigorar de seu amor. Amam-se apaixonadamente naquela noite, como sempre.

De madrugada, retornam para sua casa na cidade.

João José e Flor Dourada trazem dessa noite o sentimento da continuidade de um pacto de amor de muitas vidas passadas. Sabem que terão que cuidar um do outro nesta vida e em outras que virão.

6.
a história

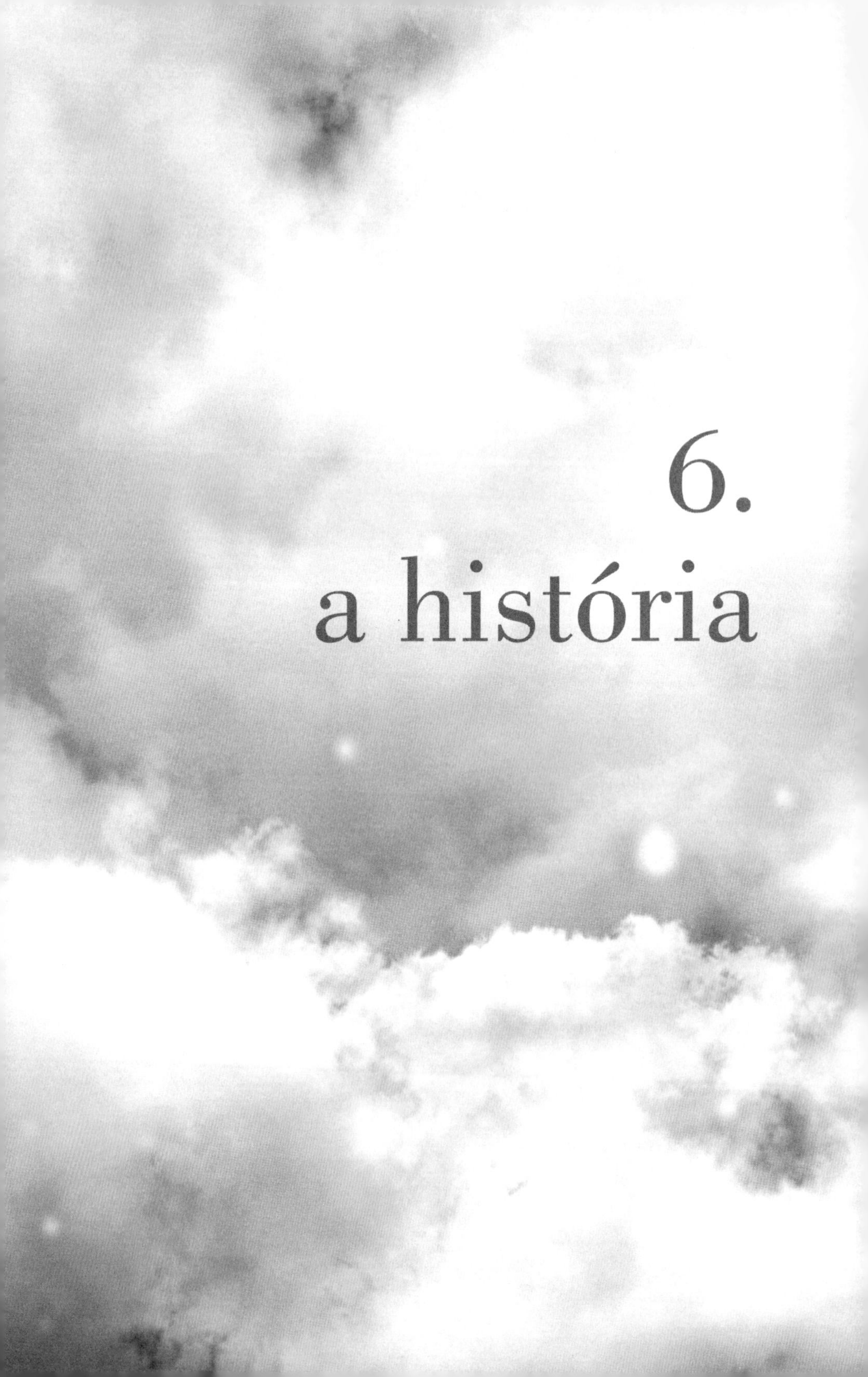

6.
a história

Sem Deslumbro

O tempo ecoa vazio.
A imagem reflete-se triste.
E, no caminho inerte,
a imagem apagada persiste.

Na tentativa de coragem
é liame de atagem.
No divisório do além,
um esboço cresce
e, na proximidade da visão,
a imagem ainda persiste.
E, quando regulo minhas lentes
e franjo minha idade,
num sufoco de miragem,
a imagem ainda é triste.

E, quando reflito,
a imagem é distante,
ainda anelante.

Quando procuro como num brilhante
ver fachos clareantes,
embora tão distante,
a imagem ainda é triste.

Ezequias olha fixamente para o horizonte do dia que começa a exibir seus primeiros raios de sol. Pela janela vê algumas torres dos edifícios próximos. Acordara há horas. Deu-se conta de que estava deitado em um dos três leitos da enfermaria do hospital. Supôs que estava num dos últimos andares do prédio. Sua cama está voltada para a janela do canto paralela à parede mais distante da porta da enfermaria. Seus companheiros de infortúnio, um senhor no primeiro leito e um adolescente no segundo, pareciam ainda adormecidos.

Não lembra como veio parar ali. Lembra-se que recebeu uma injeção na veia e que adormeceu em seguida.

Sente, então, uma vergonha imensa pelo ato impensado e insano que havia cometido contra aquele médico. Tenta pensar em frases que usará para ter ao menos uma justificativa quando aquele doutor voltar. A conclusão é de que a única palavra que poderá usar é 'perdão'.

Ainda sente torpor e astenia pela medicação injetável que lhe havia sido ministrada. A porta ampla da enfermaria está entreaberta e pode ouvir os passos dos circulantes e o som de rolar dos carrinhos das atendentes.

A porta se abre e vê o médico, sua vítima, entrar, seguido de uma técnica de enfermagem empurrando o carinho hospitalar.

O médico dá bom-dia a todos, sem fixar o olhar em ninguém.

Ezequias tem a sensação de que, para o doutor, ele é só mais um paciente.

O médico se dirige ao primeiro leito.

– Seu Antônio, bom dia; vamos acordar. Vamos descobrir esse curativo para vermos esses pontos e esse dreno..

A enfermeira calça luvas de látex e puxa a bandagem que estava no pescoço do paciente. O médico também calça luvas e palpa o pescoço de seu Antônio. Pergunta se ele conseguiu se alimentar, se conseguiu engolir bem e se sente alguma dor.

– Seu Antônio, a enfermeira vai retirar esse dreno de sucção. Não se preocupe; não vai doer. Vai só incomodar. A tireoidectomia e o esvaziamento cervical foram um sucesso. O senhor terá que ser seguido pelo serviço de oncologia, mas vai dar tudo certo. Sua evolução foi excelente e provavelmente terá alta amanhã. Hoje, na visita de seus familiares, já pode avisá-los de que amanhã cedo eu os quero aqui para dar-lhes as demais orientações.

O médico se dirige ao segundo leito.

– Olá, garoto. Você teve sorte de sua apendicite estar em fase inicial do processo inflamatório e isso facilitou muito sua cirurgia. Você foi premiado, porque eu pude te operar por videolaparoscopia e por isso terá alta hoje. A enfermeira trará por escrito tudo sobre sua dieta e todos os cuidados que seus pais terão que tomar.

Só então o médico se volta para o leito de Ezequias. Dirige um olhar profundo e fixo em Ezequias que, em princípio, causa um ambiente desconcertante para o paciente. Puxa uma cadeira que estava no canto da enfermaria e se senta à beira do seu leito, dando-lhe a certeza de que a conversa vai ser séria.

Estende a mão para Ezequias e, com um sorriso amigo, se apresenta.

– Vamos começar tudo do zero, seu Ezequias. Eu sou o doutor João José e tenho meia hora para o senhor. Vamos começar com o senhor contando de forma breve por que estava tão desesperado.

– Doutor, eu quero primeiro lhe pedir perdão. O que eu fiz não é do meu feitio. Eu estou com muita vergonha e arrependido.

– Seu Ezequias, esse é outro assunto para falarmos depois. O que eu quero é saber um pouco de sua vida e da sua doença para poder lhe ajudar.

– Está bem, doutor... Há mais de quarenta anos sou motorista de caminhão e viajei por todo este país fazendo fretes. No início de minha vida, fui empregado de empresas transportadoras, mas, depois de casado, minha mulher, Anna, me ajudou muito e pudemos ter nossos bens maiores, que eram um caminhão próprio e uma casinha simples.

O médico teve um rompante de pensamento impaciente e pensou em interromper a história que começava a ser contada. Seu treinamento de dirigir a anamnese, pesquisar a história da doença atual, das patologias pregressas e familiares era baseado em preceitos éticos e o formara para a impessoalidade. Sabia que essa impessoalidade do treinamento o eximia de envolver-se demasiadamente com seus pacientes, permitindo-lhe um distanciamento que lhe preservava certa paz e tranquilidade mental para sua vida pessoal, emocional e familiar. Não conseguiu. Algo, alguma coisa o prendeu àquele ser que estava a sua frente. Pressentia que lhe devia sua escuta e atenção. Respirou fundo e manteve-se calado. Assim, o paciente prosseguiu:

— Anna era professora e tinha um dom especial do conhecimento da vida espiritual. Tinha a mediunidade bem desenvolvida. Podia ver e comunicar-se com entes das muitas colônias espirituais que estão em nossa crosta terrestre. Tinha uma fé inabalável e me ensinou tudo o que sei sobre a vida. Não podíamos ter filhos por infertilidade minha, mas isso não impediu que fôssemos felizes. Há dez anos, fomos abençoados em adotar Carolina como nossa filha escolhida por seres de luz.

"Há dois anos, Anna se aposentou da escola e, nos períodos de férias escolares de nossa filha, as duas eram minhas companheiras de viagem. Em nossa última viagem, há três meses, aconteceu uma tragédia. Quando paramos em um posto de combustível, à noite, para abastecer e descansarmos, fomos vítimas de três elementos, que me agrediram e me imobilizaram. Levaram meu caminhão, pela carga, e as minhas amadas. Uma semana depois, a polícia encontrou meu caminhão incendiado. Minhas amadas haviam sido violentadas e assassinadas. Estavam jogadas à beira da estrada a centenas de quilômetros do local de onde me deixaram. Dói demais pensar no sofrimento pelo qual passaram as minhas amadas.

"Desde então, minha vida perdeu o rumo. Entrei num túnel de dor, ódio e sofrimento. A pequena casa que tanto nos custou, tive que vender para quitar o valor da carga que transportava. A miséria bateu à minha porta. Se fosse só a perda material, eu até estaria conformado, mas perder meus dois amores de forma tão trágica me derrubou. Praticamente de um dia para o outro virei um mendigo.

"Eu estou alojado em um abrigo.

"Na semana passada, tive uma dor na barriga, um sangramento intestinal e um desmaio. Fui levado a um pronto-socorro. Fizeram uma colonoscopia que mostrou que estou com um câncer no intestino.

"Doutor, minha vida desmoronou nos últimos dias. Não tenho dinheiro, nem teto, nem mesmo nenhum familiar vivo.

"Aquela arma, eu adquiri de forma clandestina, após a venda da casa, e tinha a intenção de ir atrás dos assassinos das minhas amadas ou praticar suicídio, mas as leis espirituais do retorno e o doloroso e necessário reajuste que teria de enfrentar ao chegar no mundo espiritual, que conhecia baseado nos ensinamentos que minha mulher me ministrou durante nossa vida, fizeram-me refletir e desistir. Minha mulher sempre retorna em sonhos para me conter quando pensamentos ruins visitam minha mente. Toda vez que penso em usar a arma e cometer suicídio, a lembrança da minha mulher é tão viva nos sonhos que me faz desistir. O pouco de conhecimento que tenho da vida espiritual me impediu de cometer qualquer loucura.

"Até agora, não entendi como pude ser tão rude e violento com o senhor. Pareceu-me que, naquele momento, eu precisava dar um grito de desespero para que alguém me socorresse. Peço perdão novamente pelo que lhe fiz. O senhor foi tão bom e paciente comigo que não merecia tamanha maldade de minha parte. Perdoe-me, doutor, eu lhe suplico."

Neste momento, o paciente está suando e praticamente começa a chorar. Lágrimas escorrem pelas faces oriundas do arrependimento e também da recordação de sua história sofrida ao contá-la para o médico.

Doutor João José toma as duas mãos de Ezequias, tentando conter suas próprias lágrimas, ao compreender sua ligação do passado com aquele paciente especial.

– Ezequias, eu o perdoo de coração. Tranquilize sua alma. Você acaba de reencontrar alguém que tem um débito de muitos anos. Olhe bem para mim. Eu sou um homem maduro, com alguns fios de cabelo branco, mas ainda sou também aquele guri que há mais de trinta anos você deixou na porta da Casa do Estudante Universitário, a CEU, da Irmandade Lael. Você, num momento da encruzilhada da minha vida, deu-me um caminho e me abençoou, pedindo proteção divina para meu futuro.

"Deus está me privilegiando com a oportunidade de cuidar de você e devolver o que fez por mim."

Ezequias acura a visão e a mente e recorda o carona de muitos anos atrás. Sorri ao perceber a mão dos seres espirituais cuidando de si.

– Graças a Deus! Que felicidade por saber que aquele guri realizou o seu sonho de ser médico! Deus é bom. Que maravilha!

O treinamento médico retorna ao espírito do doutor João José e o faz soltar as mãos do agora paciente e, procurando uma forma profissional no tom das palavras, desembargando-se do gaguejar do momento de emoção, engole a saliva, distanciando-se de Ezequias.

– Pois bem, Ezequias, agora vou expor o que vamos fazer para te ajudar. Você vai fazer uma série de exames: sangue, urina, tomografia computadorizada de tórax e abdome. Vou pedir ainda uma avaliação de um colega cardiologista e uma avaliação pré-anestésica. Todos esses exames são para preparar você para uma cirurgia em dois a três dias.

– Doutor, eu não tenho condição alguma de arcar com as despesas...

Antes de continuar a frase, o médico o interrompe.

— Essa não deve ser a sua preocupação. Eu só quero que você se preocupe agora em ficar bem.

— Doutor, eu confio no senhor, mas, depois da cirurgia, como vai ser se eu nem tenho para onde ir para me recuperar...

Novamente o médico, agora de forma mais incisiva, o interrompe:

— Ezequias, eu já disse que você não deve se preocupar com esses detalhes. Eu me comprometi em cuidar de você e vou cumprir. Vamos encerrar essas lamúrias porque isso não é bom para alguém que está doente. Não tenha pena de si. Deve haver um propósito maior que nós dois, algo que desconhecemos, para este nosso reencontro.

Neste momento, o médico se dá conta de que a técnica de enfermagem estivera o tempo todo ouvindo aquela conversa e, sem entender as razões da atenção especial àquele paciente, mostrava impaciência para sair em outros afazeres, mas não ousou interrompê-los até o momento em que o médico lhe dirigiu novamente o olhar.

— Doutor, o senhor tem mais visitas ainda e terá que ir operar. O senhor ainda precisa de mim?

— Oh, Joana, desculpe. Está bem, vamos indo...

— Ezequias, vejo você amanhã.

O médico e a técnica afastam-se, deixando o paciente absorto em seus pensamentos. Ezequias faz uma oração silenciosa, agradecendo a sua mulher pela intercessão junto aos seres espirituais que sentira presentes naquela conversa, dando-lhe conforto e proteção.

O médico, ao caminhar pelo corredor acompanhado de Joana, também sai meio confuso e pensativo, sem entender o que o levara a ter tanto comprometimento com Ezequias.

– Joana, você não deve ter entendido nada dessa conversa e, a bem da verdade, eu também não.

E cala-se.

Termina suas visitas e, no posto de enfermagem daquele andar da clínica cirúrgica, preenche relatórios, evoluções dos pacientes, prescrições, solicitações de exames e agendamentos de cirurgias. Essa etapa burocrática de seu trabalho era o mais enfadonho e desagradável no seu dia a dia. Terminado e com sensação de alívio, dirige-se ao seu templo de trabalho, onde, apesar de na visão leiga ser supostamente estressante, para ele está a excitante aventura diária: o centro cirúrgico.

7.
a cirurgia

7.
a cirurgia

Não vê-los ao nascer

(Aos meus pais)

Fecham existências nos entrebrilhos lacrimosos.

Já noutros portais da vida abrem-se

nascentes nos entrebrilhos esperançosos.

Há imposições para retorno em dádivas.

O choramingo é o prenúncio do porvir.

Os enébrios olhos formosos fervilham a maternidade.

Os membros fofos rechaçam movimentos.

São exasperos aos assoberbos da paternidade.

... Já andava eu noutras luas,

assolando ideias nas levezas de astronautas;

perpetuando o quase tocar da raça humana.

Descalço, em paralelepípedos sina de caminho

que pontilhados em luzeiros-reflexo de luzes de cosmos,

ambicionava e já perpassava noutras ruas.

Eis que num enovelado de fios de amor.

Meus não!, de vocês dois,

(...inocentes ultrajadores),

do eu que era e quase fui,

afastaram e rechaçaram meus devaneios.

Quebram as ligas,

desligaram exíguos intentos meus

(assim mesmo, embora assim),

no vê-los ao nascer enovelo-me

de amor por vocês dois.

Doutor João José e doutor Paulo caminhavam por uma espécie de *finger* de aeroporto no amplo corredor do hospital. O piso plástico de cor azulada, de cantoneiras arredondadas e o teto de plástico transparente em forma de bolhas, além de faixas coloridas nas paredes e no piso, indicativas dos vários setores do hospital, dão uma aparência futurista e de ficção científica ao acesso ao centro cirúrgico.

O prédio térreo e moderno que compõe o complexo do Centro Cirúrgico e da Unidade de Terapia Intensiva ocupa a porção posterior do hospital e está escondido da visão da avenida à frente da Santa Casa. Conecta-se ao prédio principal por três *fingers* dispostos radialmente ao prédio principal, ao Pronto-socorro e ao Centro de Especialidades. Dessa forma, os profissionais e os maqueiros com seus pacientes podem acessar o complexo de cada ponto do hospital.

Sendo o secular prédio da Santa Casa um patrimônio histórico da cidade, um jovem arquiteto hospitalar, a pedido do doutor João José, criou uma planta moderna e adaptada às necessidades dos avanços tecnológicos da medicina sem ferir a beleza imponente do prédio antigo.

Os dois cirurgiões ironizam um com o outro pelo corredor, como dois meninos que discutem sobre como empinar pipas. Para ambos, o ambiente do centro cirúrgico é local agradável e sem a suposta apreensão que os leigos de medicina imaginam.

Dirigem-se a uma das duas portas de acesso lateral. Em cada uma das grandes portas de aço estão gravados os dizeres "Centro Cirúrgico" e "UTI". Portas laterais a essas com dizeres discretos indicam vestiário masculino e feminino. Banheiros, duchas e lavatórios espelhados compõem esse ambiente, além de múltiplos e enfileirados armários metálicos.

Os dois médicos tiram seus aventais e as roupas sociais e vestem amplos jalecos de mangas curtas e calças confortáveis com logomarcas da Santa Casa. Cada qual veste sua touca pessoal de cores e gravuras florais diferentes, uma forma de manterem seus traços de identidade e personalidade. Entre si também essas toucas são outro motivo de se ironizarem.

Antes de saírem do vestiário com destino ao conforto médico interno do centro cirúrgico, calçam proteção de papel descartável sobre seus sapatos, chamadas de propés.

Ao entrarem nesse vestiário, são seres sociais em seus trajes formais, mas, ao saírem, nos trajes adequados para o ambiente cirúrgico, se transformam em aparência, como astronautas em exercício dentro de uma nave espacial, e se transfiguram em seres conduzidos por uma luz de proteção espiritual.

Um grande quadro branco fixado logo à frente da porta dos vestiários na parede do posto central de enfermagem, em diagramas quadriculados, descreve um total de quinze operações de todas as equipes cirúrgicas daquele dia, ordenadas por horário, nome do paciente, número da sala de operação, nome da cirurgia e nome do cirurgião.

Ambos postam-se frente ao quadro em leitura e verificam que sua jornada diária será longa. Iniciarão com a cirurgia retosimoidectomia do paciente Ezequias.

Após o almoço, no conforto médico do centro cirúrgico, teriam pela tarde ainda que realizar uma colecistectomia, uma cardioplastia e uma hernioplastia inguinal, todas por videolaparoscopia.

Riem-se em cumplicidade do pesado dia de trabalho que teriam, caminhando em direção ao salão da recuperação pós-anestésica, a RPA, uma espécie de aquário de vidro, onde doze macas eram ocupadas por pacientes que se emparelhavam, separadas por cortina de plásticos em forma de biombos pendurados em hastes metálicas fixas.

Doutor João José avista o olhar assustado e ansioso de Ezequias, seu primeiro paciente daquele dia.

– Bom dia, Ezequias, hoje é seu grande dia. Fique tranquilo, tudo vai dar certo.

– Bom dia, doutor. Confia em Deus e sei que Ele guiará suas abençoadas mãos. Estou em paz.

– O doutor Hélio já esteve aqui?

– Sim, e disse que só estava esperando o senhor e o doutor Paulo chegarem para me mandarem para a sala de cirurgia.

Os dois médicos se afastam e se dirigem para o conforto médico interno do centro cirúrgico.

– Paulo, ainda há tempo para tomarmos um café. Eu pago desta vez.

Paulo ri do pequeno chiste, uma vez que os alimentos fornecidos no conforto médico eram sempre oferecidos de forma gratuita em todos os confortos médicos do hospital.

No conforto encontram o velho amigo e anestesista doutor Hélio sentado displicentemente numa poltrona, cochilando com o jornal do dia sobre o globoso abdome.

Doutor Paulo também compartilhava de sua boa amizade e sempre abusava de sua intimidade.

– Olha, João José, o que é um anestesista: um médico quase dormindo com um paciente quase acordado!

Doutor Hélio abre um largo sorriso e não retruca para não estender as costumeiras pilhérias.

– João, seu paciente está pronto. Posso mandar para sala?

João José olha para um canto da sala do conforto e vê suas duas instrumentadoras cirúrgicas conversando. Ambas se chamam Márcia, mas, por serem de estatura diferente, uma alta e magra, e outra baixa e rechonchuda, ele as chamava de Tico e Teco.

– Bom dia, Hélio, pode sim.

– Tico e Teco, deixem a tagarelagem para depois. Os trocáteres descartáveis, a tesoura do bisturi ultrassônico e os grampeadores já chegaram?

Tico, a mais risonha e mais falante, se adianta ironicamente com a resposta:

– Bom dia também para o senhor, doutor João José! Todo o material que o senhor pediu foi autorizado e já está na sala de cirurgia. Já separamos todos os fios de sutura de que o senhor gosta. Já vamos arrumar a mesa! Tomem seus cafés sossegados, mandaremos chamá-los quando estiver tudo pronto.

Saem as duas rindo, acompanhadas do doutor Hélio pelo longo corredor em direção às dez salas de cirurgia.

Outros cirurgiões de diversas especialidades, anestesistas e instrumentadoras também ocupam o conforto médico, cada qual com sua equipe.

Se um leigo observasse aquele ambiente, estranharia o comportamento relaxado e tranquilo daqueles profissionais, que minutos após estariam concentrados sobre as múltiplas patologias e com a responsabilidade pela vida de seus pacientes, literalmente em suas mãos.

João José e Paulo se servem de cafés e lanches que estão a sua disposição, cumprimentando seus colegas de profissão.

— João — diz Paulo —, vamos operar três pacientes hoje, mas esse seu paciente parece ser especial para você. Ele me contou a respeito do reencontro de vocês e também do episódio no dia da internação. Que estranha coincidência de vida!

— Paulo, não acredito que seja coincidência. Acho que há um propósito maior nisso tudo. Mas agora não vamos pensar nisso; vamos só fazer o melhor que pudermos por ele.

Nesse instante, a enfermeira chefe do centro cirúrgico, que controla tudo e todos com rispidez e energia, entra na sala do conforto, com os punhos na cintura, dirigindo-se aos dois.

— Doutores, vão trabalhar! Seu paciente já está anestesiado. Vocês estão na sala cinco. Doutor Hélio mandou avisá-los.

Frente a uma pia grande de inox, os dois cirurgiões amarram as máscaras por sobre suas toucas. João José prende seus óculos por um fixador que se ajusta a sua cabeça. Começam um processo ritualístico quase religioso: cinco minutos de assepsia em escovação das unhas, das pontas dos dedos, dos dedos, entre eles, das palmas e dos dorsos das mãos, dos punhos, antebraços e cotovelos. Estendem as mãos sob torneiras que se abrem sem a necessidade de serem tocadas, subordinadas a células fotoelétricas para controle do jorrar da água das mãos para os punhos, destes para os antebraços e só então para os cotovelos. Esse ritual higieniza as mãos, antebraços e cotovelos, impedindo que as bactérias da pele dos cirurgiões contaminem o sítio cirúrgico do paciente.

Ambos escovados, caminham para a sala de cirurgia com as mãos elevadas e distantes do tórax. Para entrar, empurram com as costas e os pés a porta metálica de vai e vem.

São recebidos por Tico e Teco, que já estão paramentadas para a cirurgia e lhes estendem compressas esterilizadas de algodão brancas para que sequem as mãos, antebraços e cotovelos. De frente para os cirurgiões, abrem longas opas verdes de papel descartável para que eles se vistam.

As duas auxiliares de enfermagem circulantes de sala amarram nas costas dos médicos as tiras dos aventais sem os contaminarem. Após isso, Tico e Teco abrem luvas de látex talcadas, facilitando a introdução dos dedos dos médicos.

Após esse ritual rotineiro, cada um deles estica uma tira do avental para ser apreendida pela instrumentadora que com ela irá voltar a cintura, fechando o avental sobre o tórax e abdome até a altura dos joelhos.

Os médicos estão prontos para a arte cirúrgica!

Ezequias, já anestesiado, repousa em decúbito dorsal sobre a mesa elétrica de cirurgia, com as pernas em posição de litotomia, apoiadas em coxins confortáveis, e os braços estendidos ao longo do corpo. Em seu punho esquerdo recebe de uma bolsa plástica solução salina por um cateter que foi introduzido em sua veia radial conectado a um equipo plástico que passa por uma pequena máquina conta-gotas.

Na ponta de seu segundo quirodáctilo esquerdo, um dedal mede sua oxigenação, ligado ao monitor do oxímetro.

Seu braço direito está envolvido pela bolsa pneumática do esfigmomanômetro, que infla e desinfla sincronicamente controlando sua pressão arterial, ligada ao monitor principal do carrinho de anestesia por longos tubos de borracha.

Em seu tórax estão fixados eletrodos ligados a fios de condução que registram um eletrocardiograma contínuo no monitor do anestesista.

Em sua coxa esquerda está aderida por gel uma placa ligada por fio elétrico ao bisturi elétrico, com o propósito de neutralizar a corrente de elétrons que passarão por seu corpo quando forem cauterizados os vasos sangrantes.

Por sua boca foi introduzida uma cânula de entubação siliconada que pela traqueia atinge sua árvore brônquica. Nessa cânula, o pequeno anel do capnógrafo intermedeia os longos tubos sanfonados ao *hack* de anestesia e mede a saturação de dióxido de carbono nos pulmões de Ezequias. Nesse *hack*, que está preso a uma estrutura móvel no teto, um fole insufla uma mistura de óxido nitroso, protóxido e sevoflurano até os pulmões de Ezequias de forma rítmica e cronometrada pela regulagem que doutor Hélio estabelecera no início da anestesia.

Previamente a enfermeira já havia introduzido uma sonda uretral para controle de diurese em uma bolsa coletora.

A instrumentadora Teco havia pincelado todo seu abdome, genitália e períneo com o antisséptico clorexedina. Cobrira praticamente todo o paciente com campos cirúrgicos verdes descartáveis e esterilizados, deixando exposto somente o sítio cirúrgico do abdome.

Teco também já situara o *hack* do videolaparoscópio, que, fixado a uma estrutura móvel no teto da sala cirúrgica, foi movido a uns trinta centímetros dos pés do paciente.

As estantes do *hack* acomodam uma câmera e seu cabo de fibra ótica revestido por uma capa laparoscópica estéril, um insuflador do gás dióxido de carbono com sua mangueira siliconada, fixados por pinças sobre o paciente, além do gravador de imagem e a tela do monitor.

Toda essa parafernália tecnológica não criara nenhuma apreensão psicológica em Ezequias, pois ele não assistira a essa arrumação sobre si.

Doutor Hélio tivera o cuidado de medicá-lo venosamente na RPA com imidazolan, que o induziu a um sono semelhante ao fisiológico. Fora conduzido à sala de cirurgia em fase hipnótica medicamentosa, de tal forma que não se lembraria de absolutamente nada de todo o teatro da operação. Esta era pelo menos a expectativa e a suposição dos médicos que o assistiam.

Doutor João José se posiciona à direita do paciente e doutor Paulo a sua frente esquerda. Teco, ao lado do doutor Paulo, tem uma mesa com dezenas de pinças do instrumental cirúrgico, além de gases e compressas, cubas com soro fisiológico, garrafa térmica com soro aquecido, fios de sutura; tudo disposto de forma organizada, enfileirado paralelamente.

Tico, ao lado do doutor João José, lhe estende o bisturi, num ritual repetido por aquela equipe centenas de vezes.

Doutor João José pede à circulante de sala para ligar o aparelho de som em músicas já previamente escolhidas e de seu costume. O som, em baixo volume e de sonoridade suave, invade o ambiente da sala de cirurgia.

Doutor João José sente a costumeira presença de espíritos de luz que sempre o auxiliam em atos operatórios. Em segundos de reflexão, mentalmente, pede a eles sua bênção e auxilio, quando começa uma pequena incisão de quinze milímetros no rebordo superior da cicatriz umbilical.

Dissecando o tecido celular subcutâneo, cauteriza com o bisturi elétrico os pequenos vasos sangrantes, quando acessa o branco tecido aponeurótico.

Com uma pinça denteada, suspende a aponeurose do músculo reto abdominal para introduzir uma longa agulha de insuflação sem ferir as alças intestinais subjacentes à bolsa peritoneal.

Insufla lentamente três litros de gás sob uma pressão de doze milímetros de mercúrio, num fluxo contínuo de vinte litros por minuto.

Quando se dá por satisfeito com a distensão do abdome, insere um trocater de onze milímetros pela incisão, por onde doutor Paulo introduz uma longa ótica de dez milímetros com ângulo de visão de trinta graus, que lhes fornece na tela do monitor uma colorida e clara visão dos órgãos intra-abdominais.

Após um inventário dos órgãos internos, pede para a circulante de sala posicionar a mesa elétrica em suave declive. Faz outras três incisões no abdome, introduzindo um trocater de cinco milímetros na porção alta do flanco esquerdo, outro trocater de cinco milímetros na porção alta do flanco direito e o último trocater de doze milímetros na porção baixa da fossa ilíaca direita.

Localiza com pinças laparoscópicas de apreensão a massa tumoral no intestino grosso, na porção do sigmoide. No prévio inventário, constatam a ausência de focos metastáticos nos demais órgãos, mas no sítio do tumor visualizam alguns gânglios linfáticos congestos e comprometidos, além de aderências com periviscerite.

Na mão direita com uma longa tesoura laparoscópica ultrassônica e na mão esquerda com uma longa pinça laparoscópica de apreensão, o cirurgião inicia um lento descolamento da porção intestinal tumoral, descolando o intestino da parede posterior do abdome, distal e proximal, lateral e medial, dando uma ampla margem de segurança afastada do tumor e dos gânglios comprometidos pelas metástases.

Doutor Paulo, além de direcionar a ótica com sua mão direita para o sítio cirúrgico, com sua mão esquerda manipula habilmente outra longa pinça de apreensão, facilitando ao doutor João José a cuidadosa dissecção do tumor.

Os cirurgiões estão há muitos anos tão habituados um ao outro que praticamente um se antecipa ao movimento do outro, como numa dança em que os pares já reflexamente pressentem o próximo passo. Conversam sobre assuntos corriqueiros e amenidades; o que pareceria a leigos uma desatenção técnica, na verdade funciona como uma válvula de escape de qualquer ansiedade ou expectativa, aliviando o estresse no ambiente da sala cirúrgica.

O anestesista, doutor Hélio, sentado à cabeceira do paciente vigiando os gráficos nos seus monitores, é sempre o mais falante, irônico e contador de 'causos'.

Após dissecar toda a porção do sigmoide com sua margem de segurança ectoscopicamente livre de metástases, o cirurgião introduz pelo maior trocater de doze milímetros um longo grampeador articulado, que corta e grampeia a porção mais distal possível do intestino reto na pelve do paciente, liberando o intestino grosso do reto. Amplia em quatro centímetros a incisão do flanco esquerdo, que é ocupado por um trocater de cinco milímetros, exteriorizando o intestino grosso dissecado por um afastador tubular elástico de silicone introduzido na incisão para proteger a parede abdominal do contato com a massa tumoral. O cirurgião resseca essa porção do intestino com o grampeador mecânico e reintroduz o intestino para o interior do abdome, fechando o orifício da pele com pinças de coaptação temporárias.

Neste momento, doutor Paulo se posiciona entre as pernas do paciente, que está em declive e em posição de litotomia, e introduz por via retal um grampeador intestinal específico; com a ajuda do cirurgião, realizam a anastomose do coto distal do intestino ao fundo retal.

Doutor Paulo faz a troca asséptica por novas luvas e retorna à posição original de cirurgião assistente.

Estão satisfeitos com a operação e já prontos para as suturas finais das brechas mesentéricas e síntese da parede do abdome, quando percebem um súbito enrijecimento da parede abdominal.

– Hélio, a parede do abdome está rígida. O que houve? – pergunta ansioso doutor Paulo.

– A pressão arterial e a frequência cardíaca estão caindo. Vocês estão vendo alguma hemorragia?

– Não. Aqui no abdome está tranquilo...

Doutor Hélio interrompe a frase.

– Parada cardíaca! O paciente parou!

Doutor João José pede para as circulantes nivelarem e baixarem rapidamente a mesa de operação e inicia de forma rápida uma vigorosa e rítmica massagem no tórax sobre o precórdio, enquanto o anestesista insufla o fole de oxigênio de forma consistente e harmônica com o cirurgião.

Doutor Hélio ordena de forma ríspida às enfermeiras circulantes:

– Façam na veia uma ampola de atropina e outra de adrenalina!

Depois de injetarem as medicações e outras drogas habituais, transcorrem eternos três minutos sem resposta da frequência cardíaca. O cirurgião descobre o peito do paciente e pede o cardioversor elétrico; aplica um gel transmissor sobre o peito do paciente e dá a primeira carga com as duas placas do cardioversor. O paciente praticamente eleva-se da mesa cirúrgica, mas o monitor do anestesista ainda mostra um sinal retilíneo isoelétrico. Outra e mais três cargas são aplicadas sem sucesso.

Doutor Hélio, de forma enérgica, com sua experiente autoridade, dá um ultimato para o cirurgião.

– Nós não vamos perder esse seu paciente. Você é o cirurgião. Tome uma atitude!

O cirurgião, em sudorese profusa nas faces naquele momento angustiante, olha profundamente nos olhos do amigo anestesista, entendendo o que ele queria e o induzia a fazer.

– Eu sei o que você quer. Eu já estava decidindo. Paulo, dê-me o bisturi!

O cirurgião estende uma incisão ampla entre as costelas na região precordial à esquerda do osso esterno, acessa o saco pericárdico, introduz a mão direita enluvando o coração de Ezequias, iniciando uma massagem cardíaca direta, espremendo o órgão vital. Segundos depois, como num passe de mágica, o coração volta a bater de forma vigorosa e rítmica em sua mão!

Toda a equipe vibra e "vivas!", "ufas!" e "graças a Deus!" são repetidos por todos como que em coro.

O alívio ainda não chega, até que o anestesista dá a frase da tranquilidade.

– O paciente já estabilizou! Fechem logo essa parede!

João José, fatigado, pede às circulantes que sequem sua testa, troca as luvas e, em olhar de súplica, pede que Paulo realize o fechamento do tórax e as incisões do abdome. Troca de posição com o colega assistente.

Paulo introduz um dreno com sistema fechado em selo d'água no tórax e rapidamente sutura a extensa incisão do tórax.

Inicia então as suturas das incisões do abdome, fixando um dreno de sucção sanfonado pela incisão de onde extraíram o intestino comprometido.

Em torno de trinta minutos, ambos apertam as mãos e retiram as luvas, deixando os curativos oclusivos aos cuidados de Tico e Teco.

– Hélio, obrigado por sua luz e sua ajuda. Você foi providencial.

– João José, não pense que isso vai ser de graça. Quero o melhor jantar que seu bolso pode pagar. Acredite, vou cobrar!

– Claro, e não será só para você, mas para toda a equipe! Obrigado a todos. Vamos encaminhar o paciente para a UTI.

– Pode deixar!

João José e Paulo caminham arrastadamente para o conforto médico.

Apesar dos momentos de angústia e estresse, relaxam almoçando em companhia do doutor Hélio, discutindo as possíveis causas da parada cardíaca de Ezequias. No período da tarde, realizam as outras três cirurgias programadas de forma tranquila, sem mais questionarem o episódio da manhã.

No final da tarde, o doutor João José se dirige até a UTI. Doze leitos circundam o posto de enfermagem, que se assemelha a um grande aquário. Dois desses leitos são para pacientes em isolamento e fechados por paredes de acrílico transparente. Os demais são separados por cortinas de plástico em forma de biombos pendurados em hastes metálicas fixas.

Do 'aquário' a enfermeira chefe e seus auxiliares podem vigiar visualmente seus pacientes e controlar, de uma mesa de tecnologia, os monitores com seus gráficos de controle dos órgãos vitais.

Doutor João José acena para a enfermeira e vai até o conforto médico da UTI para obter do médico plantonista as informações do quadro clínico do paciente Ezequias. É informado que Ezequias está em coma assistido e que os parâmetros estão todos estáveis.

Acompanhado do colega intensivista, João José passa em visita o paciente e sai da UTI mais tranquilo.

Aquele dia saíra da rotina pela parada cardíaca de Ezequias, mas, mesmo assim, a experiência dos anos na profissão lhe dava a certeza de que o pior já havia terminado.

8.
acordar à vida

8.
acordar à vida

Liberdade

Sonhos além das realidades.

Visão para os horizontes.

Pensamentos em lealdade

aos ventos viajantes.

Palavras nas bocas dos homens.

Pastos aos pés dos meninos.

Divisas que somem

ao som de cantigas e hinos.

Ezequias abre os olhos e não reconhece o lugar para onde voltara. Escuta múltiplos sons de monitores em diversos ritmos de forma ensurdecedora. Sente na garganta um incômodo tubo e em primeira reação tenta estender a mão direita para arrancá-lo, mas percebe que tem as mãos atadas e que está amarrado pelos punhos ao leito. Vê um rosto de mulher desconhecido e pela touca de enfermagem que usa compreende que ainda está no hospital. Escuta ao longe a voz dessa enfermeira pedindo que se mantenha calmo e que já chamará o médico para o atender. Logo depois, o rosto sorridente de um médico desconhecido se aproxima acompanhado do médico e amigo doutor João José.

A voz do médico intensivista no início lhe parece distante, mas pouco a pouco vai ficando clara e distinta dos sons ao redor.

— Ezequias, até que enfim você voltou. Você está na UTI. Já vamos tirar esse tubo. Fique calmo.

Em poucos minutos, o médico plantonista retira o desagradável e doloroso tubo de sua garganta, instalando um pequeno e bitubular cateter em suas narinas, dando a Ezequias um refrescante respirar de puro oxigênio.

Ezequias, em tom de súplica e angústia, fala:

— Doutor, eu não queria voltar. Por que eles me mandaram de volta?

— Te mandaram de volta? De onde? — indaga doutor João José assustado.

— Não sei. Está tudo confuso na minha cabeça! O que aconteceu?

— Você sofreu uma parada cardíaca no final da cirurgia. Mantivemos você em coma induzido por drogas. Faz mais de três dias que você está aqui na UTI. Agora relaxe, fique tranquilo. Não fale mais nada para não se cansar; depois você nos conta onde esteve. Pisca um olho para o médico plantonista num incrédulo sorriso de soslaio e se afastam.

Nos dias que se sucederam, a recuperação de Ezequias foi assombrosa. Obteve alta da UTI no dia seguinte e, na enfermaria, em cinco dias foram retirados o dreno do tórax e o dreno abdominal. Sua recuperação estava sendo espantosa aos olhos de todos e principalmente para seu médico assistente.

No sétimo dia do pós-operatório, enquanto a técnica de enfermagem faz a troca dos curativos, doutor João José, na sua visita médica matinal, inicia uma conversa com seu paciente.

— Ezequias, sua recuperação está sendo excelente, superando minhas expectativas. Você já pode caminhar, usar o banheiro e se alimentar sozinho. Nesta semana já poderemos retirar os pontos das incisões. Dentro deste mês, você realizará exames de rotina oncológica, que são preventivos para avaliar a necessidade ou não de quimioterapia para sua alta definitiva. Provavelmente amanhã poderei lhe dar alta hospitalar.

— Doutor João José, eu ainda não entendi tudo o que aconteceu. Por que eu tenho esse corte no peito?

Por que eu não me lembro dos três dias que o senhor diz que estive em coma. Para mim está claro na minha mente para onde eu fui. Eu fiz uma viagem maravilhosa para o paraíso e sei que voltei com a missão de lhe contar tudo. Eu preciso lhe falar... mas, se o senhor vai me dar alta, eu não tenho para onde ir.

– Ezequias, fique calmo. Eu contei para minha esposa a situação especial do nosso reencontro e nós concordamos em cuidar de você. Vou levar você para outro paraíso, mas aqui na Terra. É a nossa cabanha, um lugar muito tranquilo. Lá você irá se recuperar e terá tempo suficiente para me contar sobre essa tal viagem que você fez.

– Doutor, mas eu não tenho como lhe pagar por isso!

– Ezequias, talvez você ainda não tenha entendido. Eu sinto que lhe devo isso. Você não terá que me pagar nada. Já está decidido e pronto. Eu tirei a semana para descansar. Eu e minha mulher temos uma cabanha e vamos instalá-lo lá. Pela manhã, nós estaremos aqui para levá-lo.

No dia seguinte, João José acomoda confortavelmente Ezequias no assento traseiro do veículo utilitário, após apresentá-lo para Flor Dourada como o seu paciente mais ilustre. Sua companheira procura ser o mais afável e simpática possível com o novo amigo do esposo, mas, movida pelo instinto feminino, se porta com desconfiança e precaução frente às situações novas. Havia concordado com João José depois de ouvir toda a história em minúcias, mas cultivava sempre o hábito de não dividir o companheiro com outras atenções, excetuados os filhos, noras e netos e o exercício de medicina, sua eterna rival. Uma discreta pontinha de ciúme invadiu-lhe os pensamentos. Ao volante, dirige até sua cabanha mais suavemente do que sua forma naturalmente apressada para não causar mal-estar no paciente.

Após instalarem Ezequias em um dos mais confortáveis chalés, dão as orientações a Luiz e Lígia quanto aos cuidados que devem tomar.

Todos rapidamente se adaptam à nova rotina e compartilham solidariamente do infortúnio de Ezequias.

Incluiriam Ezequias na rotina das refeições na casa-grande no habitual ambiente sereno e familiar.

Ezequias timidamente comporta-se calado e arredio, como que envergonhado por causar transtornos àquelas pessoas. Aceita as refeições nos horários em que é convidado e, em seguida, se retira para o seu chalé.

Doutor João José continua nos dias que seguem, rotineiramente como no hospital, sua visita médica matinal, olhando suas conjuntivas, auscultando seus pulmões e abdome, palpando-lhe o abdome e observando suas feridas cirúrgicas suturadas. Orienta suas medicações e dieta.

Flor Dourada, vencendo sua interna relutância, pouco a pouco, empática e ternamente, passa a admirar o novo hóspede. Carinhosamente o ajuda a se sentir ambientado, convidando-o para breves caminhadas.

Visitam as baias. Apresenta-lhe todos os animais pelo nome, mostra-lhe o pomar e a horta

João José procura evitar a importante conversa que Ezequias insistentemente deseja iniciar. Desvia o assunto para temas mais amenos.

Em seu quarto, após momentos de trocas de ternura e amor, deitada sobre o peito do companheiro, Flor Dourada, com voz terna e sussurrada, inicia uma conversa com o marido sobre Ezequias.

— João, ele vem falando que precisa lhe contar algo muito importante, que é uma missão que Deus confiou a ele para compartilhar com você. Acho que deveria escutá-lo, pelo menos para aliviar sua alma. Parece que ele está carregando um fardo muito pesado e pedindo sua ajuda. Nada lhe custa sentar com ele e ouvi-lo. Você tem sido tão bom para ele, que me parece que o que ele quer lhe contar será como um presente de retribuição. Por que você está reticente e fugindo disso?

— Flor, não estou fugindo; estou até muito curioso. Mas estava esperando que ele estivesse mais recuperado. Não quero que tenha emoções exageradas. Tenho a impressão de que ele passou por uma EQM. Você se lembra do que é isso?

— Claro! "Experiência de Quase Morte"! Já lemos juntos sobre isso. Você acha que foi isso? Agora também estou mais curiosa. Será que ele permitiria que eu também ouvisse?

— Suponho que sim. Amanhã vou tirar-lhe os pontos após o café da manhã. Vamos nos acomodar nas redes da varanda e colocarmo-nos à sua disposição para ouvi-lo. Concorda?

— Claro que concordo. Talvez Deus tenha mesmo preparado esse reencontro de vocês dois para isso. Cadê meu beijo de boa noite, meu amor?

9.
a viagem

Breu

Escuridão imensa.
No papel um breu intenso
completo
repleto.
Num ponto fito.
Fito num ponto
profundo no breu.
Num ponto único,
findo,
vindo...
um ponto
um raio de sol
infinito,
fino,
finíssimo,
longínquo,
distante.
Se espalha
e se abre
completo.

Repleto.

Num pensamento!

Desabrocha,

cresce

um rebento

o pensamento.

E fenece.

Se esvanece.

Converge

num ponto único

fino,

finíssimo,

longínquo,

distante,

profundo do breu.

Fito num ponto

repleto

e completo

no papel o breu intenso,

imenso,

imensidão,

escuridão completa.

Ezequias, pelo entreaberto da cortina de renda branca, observa, da cama, a chaminé do fogão a lenha sendo a única denúncia de movimentação na casagrande. O frio da manhã faz com que todos prolonguem o despertar. O vento sobre o lago faz ondas discretas e uma rala neblina esfumaça, serpenteando suavemente. Recostado na cabeceira da cama, observa suas cicatrizes cirúrgicas ainda cruas no seu peito e abdome. Com as pontas dos dedos, esfrega suavemente as feridas operatórias suturadas com fios de *nylon* preto, em pontos paralelos em forma de 'U' invertidos. Admira-se do trabalho esmerado de seu médico. O guri a quem dera uma carona e deixara na porta do albergue de estudantes há tantos anos realmente atingira seu sonho!

Pensa e repensa na viagem que fizera no mundo astral. Que maravilha confirmar e poder acreditar na esperança da vida após a morte carnal! Que felicidade ter reencontrado sua esposa e filha amadas! Que lugar maravilhoso visitara! E que lição! Que ensinamentos! Quanto crescera espiritualmente! Sentira toda sua evolução! Vira, ouvira, sentira, crescera e mudara! Mudara para melhor!

Estava pronto para contar!

Pensa consigo que, hoje, compartilhará de qualquer jeito aquela experiência com o amigo.

Ouve os passos de alguém se aproximando. Após três batidas leves na porta, reconhece a voz do caseiro perguntando se necessita de ajuda para subir até a casa-grande para o café da manhã.

Responde que em poucos minutos fará companhia aos donos da casa.

Durante todos os últimos dias da convalescença, vestira-se de pijamas e chinelões com que lhe presentearam. Entretanto, no armário embutido do chalé tinha visto roupas novas, passadas e penduradas. Duas calças, duas camisas sociais de manga comprida, jogos de meias, um par de botas de couro de alpinista, um agasalho de lã, além de roupas íntimas. Dá-se conta de que não tem mais nada de seu, desde a internação, exceto seus documentos de identificação. Supõe que a gentil senhora encarregara-se de provê-lo daquelas roupas para quando fosse embora.

Vai até o banheiro e, ao olhar-se no espelho, sente-se horrível. Seus olhos ainda estão fundos e encovados pela recuperação pós-operatória. Seus cabelos e barbas grisalhas estão longos e desgrenhados desde antes da internação, dando-lhe um aspecto de mendigo.

Pergunta-se: como puderam ser bons para com ele apesar dessa horrível aparência?

Abre a porta-espelho do armário e encontra o que precisa. Um pincel, um creme e um aparelho de barbear. Barbeia-se cuidadosamente. Ao banhar-se, observa novamente suas feridas cirúrgicas suturadas simetricamente e admira a técnica cuidadosa do seu cirurgião.

Veste suas supostas roupas novas. Calça meias e suas botinas novas. Penteia cuidadosamente os cabelos úmidos e retorna ao espelho, agradando-se de sua melhor aparência. Veste o agasalho de lã e caminha lentamente para a casa-grande.

Ao chegar, é recebido com vivas pelo doutor.

— Vejam como nosso paciente está bonito e elegante! Nem parece a mesma pessoa! Parabéns!

Com um sorriso tímido, Ezequias olha para a dona da casa:

— Dona Flor, eu tomei a liberdade de vestir estas roupas, imaginando que a senhora não se importaria que eu as usasse antes de ir embora.

— Essas roupas nós compramos para você, mas não para você ir embora, e sim para morar aqui conosco. Não aceitaremos sua recusa. E não me chame de dona Flor, e sim simplesmente de Flor. Vamos tomar nosso café da manhã!

Após o desjejum, João José convida Ezequias para acomodar-se numa das redes da varanda.

Sem cerimônia, dirige-se a Ezequias.

— Ezequias, eu trouxe do hospital uma pequena caixa com pinças de sutura e material para curativo. Hoje, nós vamos retirar todos os pontos.

Com o auxílio de Flor Dourada, lentamente retira ponto por ponto, deixando as cicatrizes livres das suturas. Faz uma assepsia com clorexedina tópica, dando por terminada sua tarefa.

Enquanto coloca todo o material cirúrgico numa mesinha de canto, Flor Dourada coloca uma garrafa térmica com café, uns pedaços de bolo de milho e três canecas esmaltadas sobre uma mesinha de centro, entre as redes da varanda. O casal habituara-se ao longo dos anos a deitar em uma grande rede, que era de sua exclusividade. Acomodam-se em sua rede cativa frente à de Ezequias.

— Ezequias, deite em sua rede. Eu e Flor Dourada estamos a sua disposição para ouvi-lo, se quiser compartilhar conosco a sua viagem. Creio que a conversa vai ser longa, mas temos todo o tempo do mundo para ouvi-lo.

— Doutor João José, parece que o senhor adivinhou meus pensamentos. Eu tinha certeza de que hoje eu iria falar de qualquer maneira com o senhor.

— Eu imaginei pelos seus trajes. Ontem, eu e a Flor já havíamos decidido ouvi-lo hoje. Relaxe e conte-nos sem pressa tudo o que aconteceu. Nós temos uma vaga ideia do lhe aconteceu. Você já ouviu falar de EQM?

— Sim, minha saudosa esposa já havia me explicado isso uma vez. Ela lera num dos seus muitos livros. O senhor se lembra que eu disse que ela era espírita e muito do que vou contar tem a ver com ela também.

"Mas vou contar do começo:

"No dia da cirurgia, o médico anestesista, doutor Hélio, na sala de RPA, disse que ia aplicar uma injeção de uma droga que ia me fazer esquecer de tudo e me acalmar. Eu não me lembro bem do nome, algo como 'zolan'."

— Imidazolan, um hipnótico que imita o sono normal no nosso organismo – explica João José. – E então?

— Então, eu dormi e não vi mais nada. Foi ficando escuro gradativamente, como se eu entrasse num quarto e a porta fosse se fechando até que tudo se apagasse. Mas, depois, uma luz fraquinha foi voltando e eu comecei a me sentir leve, como se meu corpo estivesse se transformando em um líquido em forma de gel, gelado e transparente. Comecei a desgrudar do meu corpo na mesa de operação e passei a flutuar totalmente despido no teto da sala de cirurgia, preso somente por um filete longo daquele gel luminoso que saía da minha cabeça material. Lembrei que minha esposa havia me mostrado fotos de pós-morte e me explicado que aquilo era o cordão de prata, que liga o corpo físico ao meu perispírito.

"Eu podia ver tudo: o senhor operando à direita do meu corpo, o doutor Paulo à esquerda, uma moça à direita e outra à esquerda, todos vestidos com as roupas verdes de operação. Do lado de minha cabeça estava o doutor Hélio. Mais duas enfermeiras estavam na sala. Vocês todos estavam muito aflitos, mas eu não conseguia ouvir bem o que falavam. Eu só vi a hora em que o senhor dava choques em meu peito e meu corpo saltava na mesa de cirurgia. Nesse momento, meu corpo fluídico se desprendeu quase totalmente do meu corpo material. Senti como se alguma força muito intensa me desse um puxão. Meu corpo foi se afastando daquela sala e todos foram sumindo. Meu corpo passou através da laje da sala de cirurgia, depois através do telhado do edifício. Continuei sendo puxado. Vi o prédio do hospital se afastando. Depois, a cidade foi ficando fora de minha visão e, quando me vi, estava acima das nuvens, subindo ainda mais. Entrei num espaço escuro que estava acima do planeta. A Terra desapareceu e eu fiquei flutuando no vácuo em uma imensa escuridão. A única luminosidade era a do meu próprio corpo. Aquele cordão de prata tinha uma luz fraca de tonalidade amarelada, como a luz de vela.

"O mais estranho é que não senti nenhum medo ou angústia. Fiquei por alguns minutos no vazio daquele espaço até que vi se formar a minha frente umas ondas de luzes coloridas em roxo, vermelho, azul e outras cores que não pude definir. Parecia um arco-íris em forma de círculos que formaram como que uma boca de túnel que me puxava para dentro dele. Meu corpo nem bem começou a avançar no túnel e eu pude ver suas paredes se movimentando como se as luzes girassem uma em redor da outra. No meio dessa luzes, eu pude perceber que não estava só. Vários seres como eu também estavam deslizando por entre as paredes de luzes do túnel. A diferença era que esses corpos irradiavam cores as mais variadas e diferentes e mais luminosas do que o pálido amarelo do meu corpo.

"Senti uma imensa paz, como se eu fosse um ser especial e importante sendo recebido com afeto por pessoas amigas.

"Esse túnel era muito longo – diria que tinha uns três quilômetros. À medida que meu corpo flutuante avançava em uma velocidade equivalente a um lento caminhar, os seres foram se posicionando ao meu lado. Alguns começaram a me tocar nos ombros, como se me guiassem para o final do túnel.

"Quando cheguei no fim do túnel, percebi que estava vestido com uma longa túnica, do pescoço aos pés, que irradiava a mesma luminosidade do meu corpo. Não havia em meu corpo nenhum dos cortes que o senhor fizera. Tive a impressão de que minhas feridas foram banhadas por aquela substância fluídica e se fecharam.

"Ao meu redor aqueles seres foram se agrupando, também vestidos com túnicas de luminosas cores variadas.

"Ninguém falava nada. Tinham feições humanas e sorriam afetuosamente. Uma ternura imensa por mim os acompanhava.

"Pude então me ver numa extensa planície com um relvado alto e florido. Parecia uma pintura. As cores das plantas eram fortes e vibrantes. Não senti nenhuma brisa ou vento, mas as folhagens se moviam como ondas do mar. Não havia um só caminho. Só então me dei conta de que estava caminhando ao lado daquelas pessoas por sobre a vegetação, sem danificá-la."

João José e Flor Dourada nem suspiram. Ouvem o relato presos, como que hipnotizados pela narrativa. Ezequias utiliza recursos de linguagem e de oratória que não condizem com o seu perfil intelectual. Parece-lhes que esta é outra pessoa distinta do adoentado que se acomodara naquela rede.

O espírito feminino cuidador nunca se afasta demasiadamente do pensamento da mulher e Flor Dourada resolve interromper.

— Ezequias, você não quer descansar um pouco. Tome um café. Mais tarde você continua.

— Dona Flor, eu não estou cansado, mas aceito o café e um pedaço de bolo. Vocês me acompanham?

Flor Dourada serve para os três. Eles comem e bebem calados. João José olha profundamente para os olhos da esposa compartilhando da mesma curiosidade.

Ezequias respira profundamente e reinicia a narrativa.

— Depois de atravessarmos aquela planície, vi a mais inimaginável e maior edificação. Tinha o tamanho de uma imensa cidade grande, mas num bloco único. Sua arquitetura era muito diferente de tudo que já vi. Era como uma imensa bola de gude de vidro cortada ao meio, com a porção arredondada para cima e a parte plana apoiada sobre uma imensa plataforma que parecia também ser de vidro e que flutuava sobre a relva sem danificá-la. Ao seu redor e externamente à abóboda, milhares de seres aguardavam serenamente.

"Ao pisar sobre a plataforma, percebi que o piso e a meia bola de gude eram da mesma consistência gel fluídica do meu corpo. Todos e tudo ali eram da mesma matéria e apresentavam a mesma vibração energética.

"O mais interessante é que, apesar de tudo ser novo para mim e algo que eu nunca imaginara, não me sentia surpreso ou admirado. Parecia-me que eu já fazia parte de tudo e de todos.

"Aqueles seres que me acompanharam até ali foram se afastando aos poucos e se misturando na imensa multidão.

"Senti um leve tocar em minhas mãos e vi, então, à minha direita, minha amada esposa e, à minha esquerda, minha filhinha a me conduzirem em direção ao edifício.

"Elas nada falaram, mas uma aura de amor nos reuniu. Tive a certeza de que elas não voltaram para mim, mas sim de que eu voltava para elas, como se nunca tivéssemos nos separado. Essa aura de amor eu também sentia por todas aquelas milhares de almas que ali estavam.

"Apesar de saber que elas eram a minha amada esposa e minha filhinha, ambas pareciam adultas e jovens. Só então me dei conta de que eu também não me parecia com o homem maduro que sou. Todos ali tinham a aparência de pessoas adultas jovens, nunca de velhos ou crianças.

"Todas aquelas milhares de almas e nós também atravessamos aquela estrutura arredondada e fluídica sem necessidade de nenhuma porta de entrada.

"Eu pude ver que estávamos todos em círculo ao redor de um pequeno palco bem no centro daquela edificação. Uma vibração em ondas de amor estava por sobre nós. Esperávamos por um orador naquele pequeno palco sem púlpito.

"Não havia nenhum assento. Estávamos todos de pé, mas nos posicionávamos em um desenho circular de tal forma que podíamos nos ver, a todos. As faces daqueles seres foram se tornando familiares a mim e os fui reconhecendo, apesar de milhares, individualmente a todos. Toda alma que eu ali via, já a conhecera em minha vida terrena.

"Minha amada, intelectualmente muito culta, muitas

vezes me falara e mostrara fotos, livros e reportagens sobre aquelas pessoas, contando seus feitos e pensamentos.

"Mesmo os que eu não reconhecia pareciam seres próximos a mim, como se eu já os tivesse conhecido de outras vidas.

"Quando reconheci essas almas, meu espírito encheu-se de alegria e entusiasmo. Senti-me vibrante como quem chega ansioso num evento repleto de pessoas ilustres.

"O mais interessante era que todas essas almas eu as reconheci de uma só vez. Um turbilhão de imagens e faces conhecidas que se apoderaram do meu pensamento, sem que fosse necessário que alguém as apresentasse ou as identificasse para mim.

"Reconheci naquelas almas os mansos, os pacificadores, os que tinham sede de justiça, os misericordiosos, os consagrados como santos que choraram pela humanidade.

"Reconheci as almas que dedicaram sua vida levando religiosidade para outras almas, unidos, irmanados em amor. Haviam sido sacerdotes na igreja católica, rabinos no judaísmo, pastores evangélicos, líderes espíritas e espiritualistas, monges budistas e hinduístas e ulemás muçulmanos.

"Reconheci como limpos de coração os injuriados, os discriminados, os perseguidos.

"Reconheci literatos e compositores, cantores líricos e populares.

"Reconheci as almas das ciências – médicos, físicos, biólogos, matemáticos, astrônomos, astronautas...

"Reconheci também almas encarnadas como eu. Sabia que elas estavam desdobradas e para ali haviam sido conduzidas pela identidade de seus propósitos.

"Nesse momento, comecei a chorar de alegria; uma imensa paz tomou conta de meu ser. Todo o amor que emanava dessas almas se estendia por sobre todos. Senti-me muito amado. Esse amor criou um aconchego que preencheu qualquer espaço de solidão.

"Todos, em túnicas como a minha, pareciam iguais em espírito. Uniformizaram nossas almas para nos colocar em condição de igualdade e humildade.

"Percebia que minha filha e amada esposa ao meu lado também recebiam e irradiavam como ondas de amor e de energia, que se mesclavam com as minhas e se expandiam entre todos os que ali estavam."

João José resolve interferir na narrativa ao perceber que seu paciente começa a arfar no movimento respiratório, com uma dispneia lenta e um falar arrastado. Preocupado com aquele padrão respiratório, intervém com autoridade.

— Ezequias, chega! Você não pode continuar falando. Quero que pare e descanse!

— Doutor João José, o senhor não está acreditando em mim? Por isso que quer que eu pare?

— Não, Ezequias. Nem pense isso. Eu e Flor Dourada estamos encantados e ansiosos pela sua narrativa, mas você ainda é meu paciente. Eu sou o seu médico e você está na nossa casa sob minha responsabilidade técnica e ética. Quero que você durma um pouco, descanse e, após o almoço, reiniciaremos esse seu maravilhoso relato. Nós temos tempo e estamos, como já disse, à sua disposição. Nós acreditamos em você.

– Está bem, doutor. Só me permita concluir o seguinte: eu não vi nenhuma orquestra, mas havia uma música suave por todo o ambiente, que foi interrompida por um som de trombetas, quando uma luz, um facho de luz infinita e divina, atravessou o teto da cúpula de vidro vinda do espaço sideral, iluminando aquele pequeno palco. Havia uma ligação harmônica entre essa luz e o todo o universo.

"Todos nós voltamos a atenção para o singelo palco iluminado. Vindo através daquele facho de luz, do além do universo, começou a ser formar algo como uma projeção holográfica que culminou com a materialização de um ser com características humanas, mas sabíamos que era um espírito celestial. Suas vestes eram semelhantes às nossas, mas apresentavam um tom de cor mista que eu nunca vira antes. Nele resplandeciam todas as cores do arco-íris juntas num único tom. Sua luminosidade emanava paz, amor, respeito e hierarquia. Aquela alma seria o nosso orador!"

Ezequias cerrou os olhos, seus lábios entreabriram e adormeceu profundamente.

João José toma seu pulso e, percebendo que estava bem, fez um sinal para Flor Dourada para irem-se dali e o deixarem dormir tranquilo.

Antes de se afastarem dali, Flor Dourada cobre Ezequias com uma manta.

10.
o presente

10.
o presente

Ponto na poente

De um ponto distante

vejo uma ponte.

De um ponto da ponte

vejo

noutro ponto distante

doutro lado da ponte

um mundo distante.

De um ponto

ao meio da ponte

hesito.

Voltar (?) ao ponto iniciante

...

mas vou!

Num ponto distante

doutro lado da ponte

descubro que o ponto distante

é o mesmo mundo distante

daquele ponto iniciante.

Agora distante

não hesito.

Voltar (?) ao ponto iniciante

para quê?, para o quê?, para quem?

Então fico!

João José e Flor Dourada saem da varanda atordoados com aquela narrativa. Ezequias adormecera profundamente.

João José estende a mão para sua companheira e, de mãos dadas, caminham calados em direção às baias.

Um sentimento de amor e paz sempre os acompanhava quando se davam as mãos para caminhar, mas neste momento seus corações estão acelerados. Respiram ofegantemente. Parece que haviam concluído uma corrida.

Ao chegarem a uma das baias, o cavalo de Flor Dourada, reconhecendo sua dona, estica a cabeça por sobre a portinhola para receber os habituais afagos.

Flor Dourada começa a falar com seu animal como se ele fosse João José e estivesse presente naquela narrativa.

– Top, você ouviu? Que história! Não é impressionante?! Será possível ou foi um sonho? Não teria sido fruto da criatividade de sua imaginação?

– Flor – interpela João José –, não acredito que tenha sido sua imaginação. Acho que ele realmente fez essa viagem. Só não consigo raciocinar com a relação temporal. Durante a parada cardíaca, ele fala que, no momento em que eu usava o cardioversor, ele saía do corpo para a viagem astral, mas, após isso, fiz a toracotomia com massagem cardíaca direta e converti a parada em poucos minutos. Seu coração voltou a bater e ele se manteve estável. Em tão poucos minutos de parada cardíaca não haveria tempo suficiente para uma viagem tão longa. Só se foi durante o coma induzido na UTI por três dias.

– É possível – tenta explicar Flor Dourada – que o tempo de coma induzido na UTI tenha sido o tempo da viagem ou talvez a relação temporal em viagem astral seja diferente da que nós conhecemos como segundos, minutos, horas ou dias. Isso não importa. O que importa é que sua narrativa é muito real e que, independente de que seja um sonho ou fantasia, é muito linda! Quero voltar logo para continuar a ouvi-lo.

– Talvez devamos deixá-lo descansar por hoje ou deixá-lo à vontade para quando quiser continuar.

– Você tem razão. Ainda dá tempo de cavalgarmos um pouco antes do almoço. Vamos?

– Flor, eu prefiro caminhar. Vamos dar uma olhada em nossa horta. Eu tenho vigiado a horta para que ela seja a mais orgânica possível. E depois vamos até o paiol de ferramentas. Eu tenho escondida lá uma surpresa para você.

– O que é que você está aprontando de novo?

– Relaxe, você já vai ver.

João José se utiliza de um pequeno canivete que está preso na guaiaca e que sempre usava quando estava no campo para colher alface, agrião, rúcula e pequenos tomates para a salada do almoço. Flor Dourada o ajuda, colocando as verduras em uma bacia metálica especialmente separada para essa habitual colheita.

Quando retornam para a casa-grande, Flor Dourada, impacientemente e com ar de súplica, pergunta:

– E a minha surpresa? Você não vai me deixar sofrer de curiosidade assim, vai?

– Não, Flor, sua surpresa está no paiol. Vamos até lá!

Ao abrirem a porta do paiol, ela vê sobre um cavalete uma linda sela de couro branco com todos os arreios da mesma cor, adornados por fivelas e anéis metálicos dourados, um par de botas brancas de cano longo e um chapéu de peoa, também branco.

Flor Dourada não contém sua alegria, larga a vasilha de verduras no chão e salta no pescoço do companheiro, cobrindo-lhe de beijos e afagos.

– Calma, mulher, assim você me quebra todo – diz João José, retribuindo os carinhos.

– Essa sela, os arreios, as botas e o chapéu eu mandei fazer para você sob medida. É um presente, porque hoje faz trinta anos que você me assustou com Apolo. Quando abri a porta do chalé, fiquei paralisado, assustado e sem palavras com o encontrão cara a cara com a cara daquele cavalo negro. E, depois, ainda mais paralisado pela mulher mais linda que meus olhos já viram e que continua muito linda para mim. Eu te amo e esse presente é uma pequena forma de demonstrar meu amor.

– Puxa vida, você também se lembrou! Eu te amo muito também! Meu presente está reservado para você, mas só à noite em nosso quarto você poderá ter e ver – Flor Dourada ri com deliciosa malícia.

Retornam de mãos dadas para a casa-grande, trazendo as verduras para a salada do almoço.

11.
a grande palestra

11.
a grande palestra

Âmago do Ser

Relato e reescrevo
o que a chispa de fogo
queima em brasas
no âmago dentro de mim.
Solto uma lavareda
que crispa na mão
o coração apegado.
Na margem da vida
que se vai em rima
de sonhos d'alma embutida
noutra pessoa.
Sou o encanto
que queima um desejo
preso
dentro da escuridão
do que não se fala.

Se pensa
e se esconde
doutro, no medo
de saber-se
quem e o que
Sou!

João José e Flor Dourada passam pela varanda trazendo as verduras e, sem incomodar Ezequias, que dorme profundamente na sua rede, vão até a cozinha ajudar seus caseiros no preparo do almoço.

Após preparar a mesa para o almoço, João José vai até a varanda e de forma delicada acorda Ezequias para que os acompanhe na refeição. Ezequias levanta calado, sem se mostrar surpreso por ter adormecido; dirige-se ao lavabo anexo à sala de almoço para lavar suas mãos e face e senta-se na cadeira reservada para ele, quando todos já o estão esperando.

Almoçam conversando assuntos amenos e corriqueiros dos afazeres da cabanha, sem comentário algum acerca da narrativa anterior. Eles sabem que, hoje ainda, terão tempo suficiente para ouvir o relato restante.

João José e Flor Dourada habituaram-se, quando ali estavam, a ajudar os caseiros na arrumação do ambiente, porém, hoje, Flor Dourada orienta os caseiros para que deixem essas tarefas para mais tarde. Pede a Luiz e Lígia que somente preparem um café e pergunta a Ezequias se eles também podem acompanhá-los à varanda para ouvir sua narrativa. João José indaga Ezequias de sua disposição para continuar, e ele se diz pronto e ansioso.

Todos se acomodam na varanda – João José e Flor Dourada em sua rede costumeira; Luiz e Lígia, com a pequena Lucimara ao colo, em um sofá ao lado.

Ezequias começa sua fala com a voz embargada e emocionada. Sua face se ilumina e seu semblante expande. Seus olhos fitam o vazio, como se estivesse vendo uma projeção a sua frente. Não parece que está falando para outros, e sim para si mesmo.

— Aquele Ser era divino! Convergia em si toda uma energia de amor por nós.

"Eu sentia que sua aparência humana era para que nossas mentes, ainda em evolução, pudessem reconhecê--lo, mas que ele poderia assumir a forma de qualquer ser do universo.

"Ele era o mensageiro do *Evangelho* que reconhecera Jesus como o Filho de Deus desde o princípio! Havia sido o único dos apóstolos que seguiu Jesus, com Maria Madalena e Maria de Nazaré, até a crucificação e foi dado a esta como filho pelo próprio Senhor. Fora o apóstolo mais jovem e mais amado por Jesus — João, o Evangelista! João, o autor do *Apocalipse*!

"A emoção de todos provavelmente era como a minha. Lágrimas corriam pelas faces de todos nós e cintilavam como diamantes iluminados quando tocavam a superfície lisa que pisávamos."

Ezequias iniciou o relato de todas as frases do amoroso espírito João, o Evangelista, reproduzindo todas as palavras, sem descanso da fala, como se fosse ele mesmo o próprio orador:

"No princípio era o Verbo, e o Verbo estava com Deus, e o Verbo era Deus. No princípio, ele estava com Deus.
"Todas as coisas foram feitas por intermédio dele e, sem ele, nada do que foi feito se fez.

"A vida estava nele e a vida era a luz dos homens.

"E a luz resplandece nas trevas e as trevas não prevaleceram contra ela.

"Deus é luz.

"O pecado, a confissão; o perdão, a propiciação.

"Meus filhinhos, este é um encontro de amor e tem o propósito de prepará-los para a missão única das almas: aprender, evoluir, crescer e ajudar outras almas em busca de nosso destino inexorável: a luz."

— Sua voz — prosseguiu Ezequias — ecoou em nossas almas, audível e límpida como um sussurro dentro de nossa mente. Tinha um tom de afago ao nosso sentir.

"Meus amados, quase todos os que aqui estão são almas que habitam ou habitaram o planeta Terra.

"Seres de outras partes do universo também vieram até aqui para, com sua energia cósmica, neste momento de graves transformações, auxiliar-nos na ambientação deste lindo lugar para esta Convenção do Amor.

"Alguns dos que aqui estão são almas que moram em nossas múltiplas colônias espirituais ao redor da Terra, em diferentes níveis de evolução.

"Outros são almas encarnadas a quem Nosso Pai permitiu o desdobramento consciente do corpo, pois, mesmo ainda presos à matéria densa, procuram transformar nosso planeta no paraíso prometido, buscando desenvolver nas consciências dos espíritos encarnados os verdadeiros valores espirituais.

"Há, aqui, também almas convidadas por outras almas amorosas que permitiram essa viagem para o resgate do amor e do perdão."

Ezequias para de falar, meneia a cabeça para nós e, com ar de esclarecimento, fala:

— Nesse momento, eu me senti incluído nessas últimas almas, convidado por minhas amadas esposa e filhinha.

"Ele estendeu os braços e uma fina lâmina de luz, como uma rede, desceu sobre nós, quando disse:

"Meus queridos, em nome de Nosso Pai eu os abençoo.
"O tempo tem convergências diferentes no universo de Nosso Pai. Vocês o entendem dentro de leis da física e da astronomia terrestres e é essa a limitada realidade de suas mentes. O tempo medido não existe para Nosso Pai. Ele não é mensurado por medidas físicas nem pelo estudo dos astros como vocês o conhecem. Os estudos humanos para a compreensão do tempo são intuídos por seres de elevadas esferas a seus filósofos e cientistas, dos quais muitos estão aqui desencarnados ou em desdobramento astral para que lhes propiciemos melhor compreensão das múltiplas realidades da vida, que se inicia na mais rude materialidade e evolui até as quintessências dos páramos celestiais. A vida material, na atual etapa evolutiva do planeta Terra, serve de estágio educativo na evolução para a verdadeira vida, que é a da alma liberta não apenas dos liames físicos, mas de seus vícios e paixões morais.

"Nosso Pai, seu Filho Jesus e todos aqueles que já se transmutaram em espíritos santificados se unem em propósitos como se fossem uma única consciência. Todos os espíritos que atingimos os píncaros celestiais nos tornamos um com o Pai e com o Filho, representando fielmente as Suas von-

tades em todos os pensamentos e ações, embora mantenhamos nossas individualidades. Este é o verdadeiro e simples significado da Trindade que os teólogos humanos buscaram transformar em mistério.

"O Pai Nosso proferido por Jesus, o Filho, teve o propósito, naquela realidade temporal, de aproximar a humanidade do Amor Supremo. Iluminada pela luz divina, a alma humana conseguiria utilizar os dolorosos momentos da história humana, como as perseguições e as guerras movidas pela irracionalidade, e as catástrofes da natureza, como bênçãos para sua própria evolução e exemplo aos que ao seu lado ainda estivessem cegos para a Verdade.

"Hoje, dois mil anos após o sermão proferido sobre o monte, esse modelo de oração prossegue atual, a nos chamar a atenção para a necessidade da confiança na Suprema Paternidade nestes momentos dolorosos de transformação que se avizinham.

"O planeta Terra atinge, nos dias atuais, o ápice de um ciclo evolutivo. Delineiam-se nos horizontes humanos os derradeiros combates de uma civilização fadada ao fracasso, porque baseada no egoísmo, na exploração e no orgulho. Alguns milhões de espíritos arraigados no mal vêm impedindo a consolidação das conquistas espirituais da grande maioria de habitantes deste orbe, porque, ousados, quando encarnados ocupam postos de liderança que utilizam para perpetuar suas viciações, e, desencarnados, refugiam-se nas trevas mais profundas, de onde prosseguem na triste tarefa de iludir, perseguir e fazer sofrer.

"A nova Revelação *que venho divulgar é que é chegada a hora da implantação de uma nova ordem para*

a humanidade terrena. Venho conclamar todos vocês para realizarmos um último esforço para alcançar o âmago do sentimento dessas entidades ainda pertinazes no erro, que, caso não se proponham sinceramente à transformação de sentimentos e atitudes, serão conduzidas para outro orbe mais condizente com o estágio espiritual em que se encontram, onde alcançarão o progresso à custa de dolorosos trabalhos.

"*Permanecerão na Terra apenas os espíritos comprometidos com a construção da Nova Jerusalém, uma nova civilização que irá se fundamentar nos verdadeiros valores cristãos de amor ao próximo e sobretudo ao Pai.*

"*Venho trazer este convite a todos vocês. Todos serão convidados, mas nem todos serão escolhidos.*"

Ezequias respira fundo e, com ar santificado, relata que João iniciou a oração do *Pai Nosso* em uníssono com todas as almas presentes:

"*Pai nosso que estais nos céus,*
"*santificado seja o Vosso nome.*
"*Venha a nós o Vosso Reino.*
"*Seja feita a Vossa vontade*
"*assim na Terra como no Céu.*
"*O pão nosso de cada dia nos dai hoje.*
"*Perdoai as nossas ofensas*
"*assim como nós perdoamos a quem nos tem ofendido.*
"*E não nos deixeis cair em tentação,*
"*mas livrai-nos do mal.*

"Fez-se um profundo silêncio, quando, então, o apóstolo João reiniciou sua fala:

"*Todas as almas são porções do amor de Deus. Por isso, jamais estaremos apartados d'Ele. Mesmo as almas nas furnas mais sombrias do sofrimento, em estágios superlativamente dolorosos, são feitas de Seu amor. Nós, que temos consciência do Amor que nos fez, devemos ajudá-las a também sentirem o Amor Divino. Apenas por esse Amor poderemos resgatá-las.*

"*Essas almas aprisionadas nas trevas necessitam de todos nós para terem conhecimento do real significado do perdão. O perdão é a chave libertadora de dupla via: para o que é perdoado abre os caminhos do arrependimento, permitindo a evolução para outro nível de espiritualidade; para aquele que perdoa libera a mente dos planos da vingança, trazendo paz de espírito para continuar a viagem enriquecida da evolução.*

"*Vocês foram escolhidos para estar nesta Convenção do Amor. Sua missão a partir desta divina festa de amor é a de serem trabalhadores da causa do Cordeiro, com o dever de visitar as mentes humanas nos mais distantes rincões do planeta e intuir gestos, atos, falas de amor, de perdão e de arrependimento, para que se estabeleça a definitiva paz na humanidade terrena. Vocês serão reconhecidos como embaixadores dos espíritos santificados.*

"*Caríssimos, não se esqueçam da mais importante recomendação do Cristo: amai-vos uns aos outros.*

"*Ide na Paz de Deus!*"

Ezequias termina o relato com todas as frases do orador sendo reproduzidas em todas as palavras, sem descanso da fala, como se fosse ele mesmo o próprio João.

— Doutor, quando João Evangelista terminou sua fala, o facho de luz infinita e divina que atravessava o teto da cúpula de vidro vindo do espaço infinito sideral e iluminava aquele pequeno palco começou a desfazer, indo para acima da abóbada. Aquela ligação luminosa com o universo pareceu-me como uma estrada de luz em que João se mesclou e arrebatou-se.

"Doutor, aquela imensa "bola de gude" e a plataforma também começaram a se desfazer. Todos aqueles milhares de seres foram se dispersando e entrando em múltiplos túneis que foram se abrindo sobre o relvado em que pisávamos ou flutuávamos.

"Percebi que um túnel também se abriu diante de mim como um convite para que eu ali adentrasse. Uma tristeza imensa visitou meu âmago. As minhas queridas esposa e filhinha postaram-se a minha frente, sorrindo serenamente.

"Elas nada falaram, mas uma aura de amor nos reuniu. Tive a certeza de que elas não voltariam comigo.

"Minha esposa acariciou minha face, colocou o dedo sobre meus lábios, impedindo-me de falar qualquer coisa, e, com a mesma fisionomia que conheci quando me dava ordens na vida encarnada, orientou-me a entrar naquele túnel:

"– Vá, porque ainda não é seu tempo. Você sabe que tem uma missão a concluir junto ao seu médico. Em breve estaremos reunidos.

"Minhas amadas também caminharam para outro túnel que se abriu para elas.

"Amor e saudade visitaram meu coração junto de uma paz maravilhosa por saber que nada tinha findado ali, com a esperança e a certeza do reencontro breve.

"Novamente, um arco-íris em forma de círculos se formou na boca de túnel e começou a me puxar para dentro de si. Meu corpo nem bem começou a retornar no túnel e eu pude ver suas paredes se movimentando como se as luzes girassem uma em redor da outra. No meio dessas luzes, eu pude perceber novamente que não estava só. Outros corpos como o meu, também de aparência gel fluídica, estavam deslizando por entre as paredes de luzes do túnel, com cores as mais variadas e diferentes e mais luminosas do que a cor amarelo-pálida do meu corpo a guiarem meu retorno.

"A Terra reapareceu e eu fiquei flutuando no vácuo em uma imensa escuridão. A única luminosidade era a do meu próprio corpo e a do nosso planeta.

"Senti como se alguma força muito intensa me desse um puxão.

"Nesse momento, meu corpo fluídico, pela minha cabeça, se prendeu totalmente ao cordão luminoso e fui puxado de forma abrupta, veloz e dolorosa através da atmosfera, das nuvens. Vi novamente a cidade, a Santa Casa. Através do telhado, da laje do centro cirúrgico, me vi na sala de operação.

"O senhor estava com a mão no meu coração, no meu peito aberto. Todos na sala estavam muito aflitos. Eu senti um desespero e uma dor intensa em todo o corpo e foi quando desmaiei.

"Acordei com um rosto de mulher desconhecida e, pela touca de enfermagem que usava, compreendi que voltara ao hospital. Escutei ao longe a voz dessa enfermeira pedindo que me mantivesse calmo e que já chamaria o médico para me atender. Logo depois, o rosto sorridente de um médico plantonista e o senhor se aproximaram.

"Doutor, depois o senhor sabe tudo o que ocorreu.

"O que sei é que eu tinha a missão de lhe contar tudo.

"Agora eu sei a importância do perdão. Agradeço seu perdão pela ameaça com o revólver no dia em que invadi sua sala no hospital. Agradeço também a dona Flor, que me deu abrigo com tanto afeto em sua casa, cuidando e me vestindo. Deus é testemunha do quanto estou agradecido.

"Agora, perdoem-me, eu estou muito cansado, como se tivesse participado de uma corrida. Permitam-me ir para o chalé descansar."

Doutor João José, com olhos marejados, percebendo que todos ali estavam comovidos e sem saber como expressar aquela emoção, toma as mãos de Ezequias entre as suas, abraça seu paciente e diz, entre soluços :

– Ezequias você não tem nada a agradecer. Somos nós seus eternos devedores. Você compartilhou conosco um presente divino. O Luiz vai te acompanhar até seu chalé para que descanse. Vá em paz!

12.
a passagem

Se alguém perguntar por mim

Se alguém perguntar por mim,
digam que me viram
colhendo mistérios
nas profundezas das trevas.
Digam que me viram
plantando segredos
por todos os silêncios,
se alguém perguntar por mim.

Se perguntarem que faço,
digam que teço ilusões,
buscando a prófuga estrela
nos eternos motivos.
Digam que teço ilusões,
preenchendo o meu vazio
por todas as ausências,
se perguntarem que faço.

Se indagarem onde estou,
digam que muito além,

inventando realidades
num sufocar de sonhos.
Digam que muito além,
colhendo firmamentos
por todos os espaços,
se indagarem onde estou.

Se a pergunta é aonde vou,
digam que ao impossível.
despertando consciências
numa descarga de espantos.
Digam que ao impossível,
sepultando egoísmos
por todos os remorsos,
se a pergunta é aonde vou.

Se alguém perguntar quem sou,
digam que sou o infinito,
procurando eternidade
na minha transcendência.
Digam que eu sou o infinito,
descobrindo minha essência
por todos os abismos,
se alguém perguntar quem sou.

Se acaso insistirem
ou não compreenderem
digam, então, que eu morri.
Mas não digam nunca a verdade,
que ninguém acreditaria:
– não digam nunca
que eu nasço um pouco todo dia.

O silêncio visita a cabanha neste final de tarde.

Luiz, Lígia e sua filhinha se recolhem mais cedo aos seus aposentos.

Doutor João José e Flor Dourada descem até as margens do lago de mãos dadas e calados. Deitam no gramado e ali ficam até o sol se esconder por sobre os arvoredos. Nada falam. Nada têm a dizer.

Depois, retornam à casa-grande e também se recolhem aos seus aposentos.

Todos dormem profundamente.

• • •

Pela manhã, o cheiro do bom café impregna o quarto de João José e de Flor Dourada. Despertos, vestem-se e descem para a cozinha. A mesa já está posta. Luiz e Lígia já estão atarantados com seus afazeres.

Flor Dourada pede a Luiz que vá até o chalé de Ezequias para chamá-lo para que venha compartilhar a mesa do café da manhã.

Em poucos instantes, Luiz retorna, pálido e esbaforido.

– Doutor, é melhor o senhor vir comigo.

Doutor João José entra no chalé e encontra Ezequias serenamente falecido.

– Luiz, nosso amigo está em paz. Foi ao encontro de suas amadas esposa e filha. Desencarnou, cumpriu seu tempo e sua missão. Me acompanhe, orando o Pai Nosso.

13.
a decisão

13.
a decisão

Poema da Noite

No fim da tarde de meu pai

a noite veio de longe,

lentamente,

densamente,

serpenteando, serpenteando,

num fluxo e refluxo

de ondas pesadas na sombra.

Era inverno

no meu inferno

e eu sentia arrepios,

porque os olhos das corujas eram os únicos pontos

luminosos na escuridão.

Assim, sol posto, meu pai

se foi nos ombros da negra noite,

dormindo completamente.

Eu não!

Eu segurarei

o último clarão da tarde

pela cabeleira

e traçarei, infinitivamente,

um sol na minha janela,

para que a noite nunca possa entrar.

Eu sou um homem velho, um verdugo.

Volto à beira do lago e, deitado no gramado de barriga para cima, olhando o céu nublado, sob o vento do fim de tarde, repenso que o conflito de ideias acabou.

Foi acertada a decisão tomada de escrever esta história nesta fase octogenária de minha vida. Meus guris tinham razão. A mensagem que eu recebi certamente tinha por objetivo que eu a tornasse pública.

O espírito de Ezequias não está mais ali naquele cemitério familiar, mas sei que ele, onde estiver, orientou-me psicograficamente nesta narrativa.

Estou em paz comigo mesmo e certo do meu tempo e do que nos espera para a vida além da vida.

Eu sou João José.

FIM

o autor

DR. ENOQUE FORTES DE ALBUQUERQUE é médico desde 1983, especializado em cirurgia geral e bariátrica, além de gestor hospitalar. Membro da Sociedade Brasileira de Cirurgia Minimamente Invasiva e Robótica, é também palestrante motivacional internacional, como empresário bem sucedido na maior corporação mundial de *network marketing*.

Esta edição foi impressa, em março de 2015, pela Assahi Gráfica e Editora Ltda., de São Bernardo do Campo, SP, sendo tiradas três mil cópias em formato fechado 15,5 x 22,5cm, em papel Off-set 75g/m2 para o miolo e Cartão Supremo 300g/m2 para a capa. O texto principal foi composto em Garamond 13/16. A capa e a produção gráfica do miolo foram elaboradas por César França de Oliveira.